Prefeitura do Rio de Janeiro, Secretaria Municipal de Cultura e
Lei Municipal de Incentivo à Cultura – Lei do ISS apresentam

PRINCÍPIO DO INFINITO
UM PERFIL DE LUIZ CARLOS DA VILA

Luiz Antonio Simas | Diogo Cunha

PRINCÍPIO DO INFINITO
UM PERFIL DE LUIZ CARLOS DA VILA

Coordenação Geral
Artefato Produções Artísticas

Coordenação
Juliana Carneiro e Lia Baron

Produção Executiva
Juliana Carneiro e Lia Baron

Produção
Julia Pacheco

Produção Artística
Maiana Pereira Baptista

Texto
Luiz Antonio Simas e Diogo Cunha

Pesquisa
Diogo Cunha

Edição
Adriana Maciel

Projeto gráfico e diagramação
Mari Taboada

Revisão
Fabrícia Romaniv

Capa
Mello Menezes

CATALOGAÇÃO NA PUBLICAÇÃO (CIP)

S588p   Simas, Luiz Antonio, 1967-
    Princípio do infinito : um perfil de Luiz Carlos da Vila / Luiz Antonio Simas e Diogo Cunha. – Rio de Janeiro: Numa, 2018.
    144 p. ; 21 cm.

    ISBN 978-85-67477-34-3

    1. Luiz Carlos, da Vila, 1949-2008 2. Cantores – Brasil – Biografia. 3. Compositores – Brasil – Biografia. 4. Samba – Rio de Janeiro (RJ) – História e crítica. I. Cunha, Diogo II. Título.

                CDD – 927.8164

Bibliotecária Roberta Maria de O. V. da Costa – CRB7 5587

Patrocínio:

SUMÁRIO

Apresentação: Feliz Natal 9

O Curumim de Ramos 17

Luiz Carlos das Vilas 43

Sim, É o Cacique de Ramos 79

Kizombas 105

Bibliografia 137

Agradecimentos 139

À frente da Secretaria Municipal de Cultura, temos direcionado esforços para a implementação de uma política de estado baseada na democratização cultural da cidade. Com o compromisso de dar fim ao pesadelo da "cidade partida", nossa gestão acredita que os conceitos de centro e periferia não contemplam uma política cultural de fato integradora. Por isso, foi traçado um novo mapa simbólico, em que toda a cidade é o centro e cada região é um manancial de produção pulsante de cultura.

Para avançar nesse processo de ressignificação e equacionar as potencialidades, elegemos cinco eixos estratégicos: gestão de escuta ampliada e participativa, cultura pela diversidade e cidadania, programa integrado de fomento à cultura, valorização da rede de equipamentos culturais, e memória e patrimônio cultural. Assim pudemos colocar em prática uma série de ações efetivas, com foco no lema "Cultura+Diversidade".

A cultura plural, rica e forte do Rio de Janeiro é, ao lado da natureza opulenta, o grande capital da cidade. Ela tem poder regenerador, capaz de corrigir rumos e mudar vidas. Fortalecer, apoiar e difundir nossa cultura não é apenas dever de cada um de nós: é questão de sobrevivência e de resistência.

Nilcemar Nogueira
Secretária Municipal de Cultura

APRESENTAÇÃO FELIZ NATAL

> "Eu acredito que quando o autor assobia aquela melodia, quando ele cantarola, tem uma história guardada ali dentro. E descobrir isso, pra mim, é um exercício extremamente prazeroso."
> LUIZ CARLOS DA VILA

Não importava a época do ano. Luiz Carlos da Vila adorava desejar "Feliz Natal" para todo mundo. Era assim que se apresentava em rodas de samba e shows, saudava e se despedia dos amigos. Os que não conheciam esse hábito do artista costumavam, a princípio, estranhar o insólito desejo. Aos poucos, ver Luiz Carlos no palco ou nas rodas, conversar e cantar com ele, participar do "Caldos e Canjas" – furdunço dos bons idealizado por Jane, a esposa, na Vila da Penha –, brincar o carnaval com o bloco dos Suburbanistas, era mesmo participar de um imenso "Feliz Natal".

A primeira canção de Natal brasileira a estourar em disco foi "Boas Festas", de Assis Valente, gravada em 1933 por Carlos Galhardo com arranjo de Pixinguinha.

A letra é triste e joga água no chope da euforia natalina, afirmando que: "Papai Noel com certeza já morreu ou então felicidade é brinquedo que não tem". Em 1934, o mesmo Assis Valente aliviou um pouco a barra e fez a marchinha "Recadinho de Papai Noel", gravada por Carmem Miranda. Em um tom entre o brejeiro e o levemente sacana, a canção chega a pedir ao Bom Velhinho "aquela lua de mel em noite nupcial". O sucesso do caminho aberto por Assis Valente foi tamanho que, no mesmo contexto, Ary Barroso, Braguinha, Bide e Herivelto Martins lançaram marchas de Natal.

É interessante perceber que grande parte do cancioneiro do Natal brasileiro foge do estilo "botei meu sapatinho", "noite feliz" e "bate o sino pequenino", e mergulha na crônica de costumes da melhor qualidade. Distancia-se, ainda, de uma estética do Hemisfério Norte presente na neve, nas castanhas e na esdrúxula figura de um Papai Noel adequado ao frio do Polo Norte.

Adoniran Barbosa, em "Véspera de Natal", fala da impagável e triste história do Bom Velhinho preso numa chaminé de uma casa pobre que rima com "jingle bé". Marlene gravou "Patinete no Morro", um petardo do compositor Luiz Antonio que começa com o verso "Papai Noel não sobe na favela". Celso Viáfora fez "Papai Noel de Camiseta", prevendo um Natal na sarjeta com cachaça, arroz, feijão, malagueta, doce de leite, balas de goma e quindins. Paulinho Albuquerque produziu, em 1999, o ótimo "Um Natal de Samba", com um elenco que mais parece o escrete de 1970: Nei Lopes, Zeca Pagodinho, Almir Guineto, João Nogueira, Dona Ivone Lara, Délcio Carvalho, Luiz Grande e outras feras. Na maioria do repertório, o perrengue, a amargura, o drible na pobreza, as recordações e um quê de alegria subversiva no meio do sufoco.

Uma das faixas do trabalho produzido por Paulinho Albuquerque é exatamente o samba de Luiz Carlos da Vila "Quando o Natal caiu numa sexta". O samba, com letra e música de Luiz Carlos, relata a história do casal Juvenal e Dona Ester. Ele, funcionário querido na repartição; ela, uma uva na mocidade.

Juvenal costumava esquecer-se da vida nas rodas de samba das sextas-feiras. Invariavelmente, Dona Ester passava a tranca na porta e o marido acabava dormindo na rua. Numa noite de sexta, porém, Dona Ester perdoou Juvenal: era noite de Natal. O casal terminou aplaudido pela turma da rua e até pelo padre. Tudo acabou numa festa de abraços, beijos e castanhas.

Neste samba talvez esteja uma pequena chave para abrir a porta e entrar discretamente no mundo de Luiz Carlos da Vila.

Numa definição mais formal, o samba é um gênero musical de compasso ¾, marcado pela síncope e correspondente ao bailado coreográfico que o ritmo sugere. É ainda uma espécie de oferenda arriada na encruzilhada entre a poderosa rítmica centro-africana e elementos da música europeia, dinamizando-se no Brasil em mais de uma dezena de subgêneros. Mas não é só isso.

Além do ritmo e da coreografia, o samba é ligado a saberes que envolvem formas de integração comunitária, construção de sociabilidades e elaboração de identidades. Uma roda de samba de fundamento não se define apenas pelo fenômeno musical. Ela pressupõe códigos de conduta e simbologias diversas; envolve sabores, comidas e bebidas propiciadoras do convívio. A cultura do samba é, essencialmente, comunitária.

A trajetória de Luiz Carlos da Vila é rigorosamente exemplar desse complexo civilizatório que o samba engendrou no Brasil e, mais particularmente, na cidade do Rio de Janeiro: nascido em Ramos, no subúrbio da Leopoldina, criado na Vila da Penha, melodista e letrista inspirado, compositor da Unidos de Vila Isabel, membro atuante da turma que revolucionou o samba no quintal do Cacique de Ramos na década de 1980, intérprete, agitador cultural, suburbano, carioca, brasileiro, do mundo.

Luiz Carlos da Vila foi, sobretudo, um agente civilizador do tempo e do espaço em que viveu. Tornou-se um personagem central da nossa cultura. E foi um sujeito que sempre soube da relevância da rua, do congraçamento, da festa, como espaço e prática de sociabilidades, invenções, afetos, fortalecimento de laços comunitários e maneiras de tornar a vida mais leve.

O desejo de "Feliz Natal" de Luiz Carlos da Vila era, a rigor, um desejo imenso de "Feliz Samba": a nossa maneira mais desafiadora e potente de estar no mundo.

O CURUMIM DE RAMOS

"A maior invenção do homem é a roda.
A segunda é a roda de samba."
LUIZ CARLOS DA VILA

Da parada do trem ao bairro de Ramos

O bairro de Ramos tem um papel decisivo na história do carnaval da cidade do Rio de Janeiro. Pelas ruas da região, na primeira metade do século XX, desfilavam clubes carnavalescos como o Ameno Heliotropo e o Endiabrados de Ramos, além de blocos de todos os tipos, como o Sai como Pode, o Paixão de Ramos, o Paz e Amor e o Recreio de Ramos – o mais importante deles ao lado do legendário Cacique de Ramos.

A praia de Ramos foi também um dos principais redutos de uma das manifestações mais interessantes do carnaval da cidade: o banho de mar à fantasia. Usando as areias das praias como avenidas, blocos carnavalescos exibiam-se competitivamente, com fantasias feitas com papel crepom e vestidas por cima das roupas de banho. Ao final do desfile, os componentes caíam na água, em banhos coletivos complementados por doses generosas de cachaças e cervejas.

As origens da tradição são incertas; segundo algumas fontes, o fuzuê marítimo teria surgido na Ilha do Governador, na década de 1940. A popularização entre os sambistas dos blocos levou à inclusão do banho de mar à fantasia no calendário turístico oficial da cidade, da qual fez parte até 1978.

Foi de uma dissidência do bloco Recreio de Ramos, no final da década de 1950, que surgiu, sob a liderança do farmacêutico Amaury Jorio, a escola de samba Imperatriz Leopoldinense.

O nome da escola foi escolhido sem maiores polêmicas. A elaboração da bandeira, porém, gerou algumas controvérsias, já que várias propostas para o pavilhão foram apresentadas. Prevaleceu a ideia de se utilizar como símbolo da agremiação uma coroa dourada circundada por onze estrelas representando os bairros do subúrbio da Leopoldina. Dez estrelas menores representam os bairros da Penha Circular, Brás de Pina, Cordovil, Parada de Lucas, Vila da Penha, Vigário Geral, Manguinhos, Bonsucesso, Olaria e Penha. A estrela maior representa Ramos, o local de fundação da escola e lugar em que nasceu Luiz Carlos da Vila.

A história do bairro de Ramos começa com outro Luiz, sem qualquer relação com o samba ou mesmo com a cultura popular do Rio de Janeiro. O citado no caso é o secretário da Academia Militar da Corte, capitão Luiz José da Fonseca Ramos, que adquiriu na região, em 1870, o Sítio dos Bambus, na Freguesia de Inhaúma.

Na década seguinte à aquisição do sítio pelo capitão, mais precisamente em 1886, o planejamento da expansão da Estrada de Ferro do Norte — a Northern Railway — previa que os trilhos cruzassem as terras do sítio. O capitão topou, desde que ali fosse construída uma parada do trem: a Parada do Ramos. Em 1898, a The Leopoldina Railway Company incorporou a Estrada de Ferro do Norte e passou a estender cada vez mais os trilhos do trem pelos subúrbios da região.

A história não é inédita naquele contexto de formação dos subúrbios do Rio de Janeiro. Apenas para ficarmos em um exemplo, o caso do capitão Ramos não é muito diferente do que ocorreu nas terras do português José Lucas de Almeida. Lucas viveu no início do século XX e foi um próspero agricultor, dono de propriedades na região entre Cordovil e Vigário Geral, antiga sesmaria de Irajá. Durante a extensão dos

OS SUBURBANISTAS

Nascidos no subúrbio, o trio Dorina (Irajá), Luiz Carlos da Vila (Ramos e Penha) e Mauro Diniz (Oswaldo Cruz) encabeçou o grupo Os Suburbanistas. Corria o ano de 2004. A ideia se deu no quintal de Luiz Carlos, na Vila da Penha. O trio tinha duas obras na cabeça: *Guimbaustrilho* e *Outros mistérios do subúrbio*, do mestre Nei Lopes, e também numa brincadeira (segundo Luiz Carlos, "na boa, porque Marisa Monte é portelense e, portanto, também uma suburbanista") em cima dos Tribalistas (grupo formado por Marisa Monte, Carlinhos Brown e Arnaldo Antunes), "pois a turma do samba é uma tribo que tem idioma, sotaque típico do Rio de Janeiro".

Os Suburbanistas surgiram, em larga medida, na voz de Luiz Carlos da Vila para cantar e celebrar a estética suburbana. "O que a gente faz é brincar com as coisas sérias do subúrbio. Suburbano tem sotaque, fala 'e aí, aí mermão', fala 'sou carioca mermo', gosta de quintal, de comidaria, de comer galinha. O suburbano tem um jeito de falar de levar na manha. E o samba é veículo disso tudo. Apesar da alma suburbana ser única, você tem uma diversidade musical enorme. Dentro de Madureira mesmo existem estilos diferentes de samba. A música que se faz na Portela, apesar da proximidade física, tem diferenças estruturais da que é feita na Serrinha. Apesar de característico do pessoal do subúrbio, o samba não é exclusivo de uma parte da cidade. O que foi a bossa nova senão o samba suburbano com outra roupagem?" (SUKMAN, Hugo. *O Globo*, 16 mai. 2004, Matutina, Segundo Caderno, p. 5).

Em 1886, dezesseis anos depois que o capitão Luiz José Ramos adquiriu o sitio do Bambus, surgiu a Parada de Ramos, mais tarde Estação de Ramos.
Pedro Pincha Geiger e Tibor Jablonsky, 1957. (Acervo IBGE).

trilhos da Leopoldina, José Lucas doou uma parte de suas terras para a construção de uma parada de trens. Ao ser inaugurada, a estação ficou conhecida como a Parada de Lucas.

Em seu auge, a Estrada de Ferro Leopoldina cortou de trilhos os subúrbios de Ramos, Manguinhos (antiga Parada do Amorim), Bonsucesso (antiga estação Bom Sucesso do Rio), Olaria, Penha, Penha Circular, Brás de Pina, Cordovil, Parada de Lucas e Vigário Geral, estendendo o ramal até a cidade de Duque de Caxias e outros logradouros da Baixada.

O fato é que, ao ser valorizado pelos trilhos do trem, o Sítio do Bambu acabou negociado com o português Teixeira Ribeiro, que já era dono de terras na vizinhança. Foi ele, por sugestão do filho, que começou a lotear e abrir as primeiras ruas no local. Aos poucos, casas modestas, pequenas chácaras e grandes casarões foram dando o perfil ao bairro.

Sintonizados com o bairro, Pixinguinha e Alberto de Lima compuseram o "Hino de Ramos": "Eis a capital suburbana da Leopoldina / Ramos, Ramos, Ramos, Ramos, / Muito amor, beleza e tradição".
Pedro Pincha Geiger e Tibor Jablonsky. 1957. (Acervo IBGE)

Ramos atraiu significativo contingente de funcionários públicos, militares e profissionais liberais de uma classe média baixa que não tinha condições de morar nas áreas cada vez mais elitizadas da Zona Sul ou da Tijuca e ao mesmo tempo deixava o centro da cidade durante as reformas urbanas do início da República. Ao mesmo tempo, ali se formou uma classe mais abastada, com negócios na região suburbana que se expandia.

A formação da cidade que samba

Contar a história das famílias negras do Rio de Janeiro no pós-abolição exige uma constatação: quando a escravidão terminou, houve uma deliberada política pública voltada para atrair imigrantes europeus para o Brasil. Não há qualquer registro de iniciativa pública que tenha pensado na integração do negro ao exercício pleno da cidadania e ao mercado formal de trabalho. A ideia era mesmo a de estimular a imigração de brancos do Velho Mundo. O modelo de abolição da escravatura no Brasil foi resumido com rara felicidade em uma única frase do samba da Mangueira de 1988: "livre do açoite da senzala/preso na miséria da favela" (Hélio Turco, Jurandir e Alvinho: "100 anos de liberdade – realidade ou ilusão?").

Uma das primeiras leis de estímulo à imigração no período falava que o Brasil abria as portas, sem restrições, para a chegada dos imigrantes europeus. Africanos e asiáticos, porém, só poderiam entrar com autorização do Congresso Nacional, em cotas preestabelecidas. Mais do que encontrar mão de obra, a imigração no Brasil foi estimulada como meio de branquear a população e instituir hábitos europeus no país.

Neste contexto, começa a ocupação mais sistemática dos morros do Rio de Janeiro, com a formação das favelas a partir da ocupação do Morro da Providência, estimulada, na década de 1890, pela derrubada do cortiço Cabeça de Porco e pela volta de soldados que lutaram na Guerra de Canudos. O contexto do período inicial do século XX é marcado por duas ideias que norteiam a atuação do poder público em relação à cidade e seus habitantes: civilizar, interferindo no espaço urbano e nos hábitos cotidianos; e higienizar, através da assepsia proporcionada pela vacina.

O ato de civilizar era visto como uma tentativa de impor à cidade padrões urbanos e comportamentais similares às capitais europeias, especialmente Paris. Foi essa a perspectiva da reforma urbana de 1904, projetada pelo prefeito Pereira Passos e seus asseclas – o mandatário era um declarado devoto de Haussmann, o responsável pela reforma urbana da capital francesa nos tempos de Napoleão III.

A reorganização do espaço urbano teve o objetivo de consolidar a inserção do Brasil no modelo capitalista internacional, facilitar a circulação de mercadorias (inviabilizada pelas características coloniais da região central, com ruas estreitas que dificultavam a ligação com a Zona Portuária) e construir espaços simbólicos que afirmassem os valores de uma elite cosmopolita. Era o sonho da Belle Époque tropical.

Havia, porém, um obstáculo a ser removido para a concretização desse projeto: os pobres e a classe média baixa que habitavam as ruas centrais da cidade e moravam em pequenas casas ou em habitações coletivas, como cortiços e casas de cômodos – sobretudo, os descendentes de escravizados, mestiços e imigrantes portugueses.

A solução encontrada pelo poder público foi simples e impactante; começou o "bota abaixo", com o sugestivo mote de propaganda "O Rio civiliza-se". Mais de setecentas habitações coletivas foram demolidas em curto espaço de tempo.

Dentre outras intervenções urbanas, foi aberta a Avenida Central (atual Avenida Rio Branco); demolido o Largo de São Domingos, para a abertura da atual Avenida Passos; demolidas as casas paralelas aos Arcos da Lapa e ao Morro do Senado, para abrir a passagem à Avenida Mem de Sá; alargadas as ruas Sete de Setembro e da Carioca; abertas as avenidas Beira Mar e Atlântica e concluído o alargamento da Rua da Vala, a atual Uruguaiana.

A reforma pretendia resolver uma série de problemas e contradições da cidade e gerava uma indagação: que diabos fazer com os homens e as mulheres que os governos definiam como "elementos das classes perigosas", os quais habitavam as regiões centrais e eram obstáculos à concretização da Paris tropical?

A relação das elites e do poder público com os pobres era paradoxal. Os "perigosos" maculavam, do ponto de vista da ocupação e reordenação do espaço urbano, o sonho da cidade moderna e cosmopolita. Para isso, era necessário controlar, vigiar e impor padrões e regras preestabelecidas a todas as esferas da vida. Ao mesmo tempo, falamos dos trabalhadores urbanos que sustentavam — ao realizar o trabalho braçal que as elites não cogitavam fazer — a viabilidade desse mesmo sonho: operários, empregadas domésticas, seguranças, porteiros, soldados, policiais, feirantes, jornaleiros, mecânicos, coveiros, floristas, caçadores de ratos, desentupidores de bueiros.

Como uma espécie de aparente paradoxo que escancara a complexidade da questão, os habitantes dos cortiços eram necessários, dentre outras coisas, para realizar o trabalho braçal da demolição dos cortiços.

A população pobre, ao mesmo tempo repelida e necessária, tinha duas opções: morar nos subúrbios ou ocupar os morros centrais. A vantagem da ocupação dos morros, evidente para os dois lados, era a maior proximidade dos locais de trabalho: não tão perto para que pudessem macular a cidade restaurada e higienizada, nem tão longe que obrigassem as elites a realizarem os serviços domésticos que, poucas décadas antes, eram tarefas das mucamas das sinhás.

A ocupação dos morros retrata, então, as contradições de uma cidade que se pretende moderna e cosmopolita e é, ao mesmo tempo, marcada pelo esteio ideológico de trezentos anos de trabalho escravo. Os séculos de cativeiro e chibata geraram uma brutal desvalorização dos serviços manuais e dos seus praticantes. Eram eles, os pobres, vistos como desprovidos de cultura. Tinham, porém, a força necessária para o trabalho pesado.

Nessa cidade marcada pela tentativa dos detentores do poder de extirpar as referências à herança africana, as diversas manifestações culturais das populações negras, exatamente aquelas que criavam novos laços de sociabilidade e reforçavam convívios comunitários, eram sistematicamente perseguidas: a roda de samba, as festas religiosas, as maltas de capoeira, os blocos carnavalescos e batuques diversos.

A Lei de Vadiagem, aprovada no Código Penal sancionado em 1890, estabelecia que o ato de vadiar passasse a ser contravenção. Foi baseado nela que o poder público reprimiu, amparado pela legalidade, rodas de samba e festas de candomblé, descendo o sarrafo em quem ousasse desafiar a nova ordem.

A tensão que apresentamos refletiu-se na configuração do espaço urbano carioca. A tentativa de excluir das áreas centrais e aniquilar a cultura das populações descendentes de negros escravizados, em uma cidade que se pretendia cosmopolita e cartão postal de um Brasil preparado para se inserir no processo de expansão capitalista, é das aventuras mais contundentes do processo de configuração do Rio de Janeiro e até hoje ressoa nas nossas ruas.

Um dos redutos negros mais importantes, ampliado exatamente nesse contexto, é aquele que se estendeu entre a Praça Onze de Junho e as proximidades da atual Praça Mauá, na Zona Portuária. Inspirado por uma declaração de Heitor dos Prazeres, que afirmou ser a Praça Onze, no início do século XX, uma África em miniatura, Roberto Moura cunhou para a região o epíteto de "Pequena África" (MOURA, 1983).

A Praça Onze era um retângulo entre as ruas Visconde de Itaúna e Senador Euzébio, fechado pelas ruas de Santana e Marquês de Pombal (LOPES; SIMAS, 2015). Por ela desfilavam ranchos e escolas de samba e ocorriam encontros entre comunidades negras do Rio, para confraternizações e também para confrontos em torno das rodas de pernada e batucada. A demolição da Praça Onze, a partir da década de 1940, é a destruição de um dos lugares mais significativos da história das culturas negras no Rio de Janeiro e mais um emblema desse conflito que estamos sugerindo.

Foi na Praça Onze, por exemplo, que morou Aciata de Oxum, a Tia Ciata, yakekerê (mãe pequena; principal auxiliar da Mãe de Santo ou do Pai de Santo) da casa de candomblé de João Alabá, situada na Rua Barão de São Félix, e uma das personagens mais emblemáticas da cidade negra carioca.

As tias eram, de modo geral, baianas que exerciam no Rio de Janeiro o papel de lideranças comunitárias legitimadas pelo exercício do sacerdócio religioso. Elas criaram redes de proteção social fundamentais para a comunidade negra. Além de Ciata, nomes como os de Tia Prisciliana (mãe de João da Baiana), Tia Amélia (mãe de Donga), Tia Veridiana e Tia Mônica (mãe de Carmem da Xibuca e de Pendengo) fazem parte deste universo.

As reconfigurações urbanas da cidade foram expandindo o Rio de Janeiro cada vez mais para a Zona Norte, para o subúrbio e para o alto dos morros. Comunidades negras acabaram tendo papéis de absoluta relevância no processo de ocupação dessas regiões, e este fato é fundamental para se contar a história do samba e dos sambistas cariocas.

Voltemos a Ramos. Podemos dizer que a formação do bairro se insere exatamente neste processo: o bairro está sendo loteado no contexto das reformas urbanas cariocas e da expansão dos trens. A Leopoldina recebe um contingente significativo de uma classe média baixa e de trabalhadores que não têm como ficar nas áreas mais valorizadas, mas ao mesmo tempo têm condições melhores que aqueles que subiram os morros no processo de formação das primeiras favelas.

O balneário suburbano

Em 1910, Ramos já possuía o seu primeiro jornal – que falava especificamente da região, mas tinha o curioso nome de *O Cosmopolita* –, fundado pelo coronel

Joaquim Vieira Ferreira. O coronel era o clássico benfeitor da região. Além do jornal, liderou a construção da Vila Gérson, uma espécie de condomínio com oito ruas e uma escola, nomeado em homenagem ao seu primogênito, um sargento-telegrafista falecido precocemente. A Vila Gérson cresceu de tal modo que, vinte anos depois de criada, já era um conjunto com 160 prédios residenciais.

Bonde que ligava
Vaz Lobo a Ramos.
Osvaldo Gilson Fonseca
Costa, s.d. (Acervo IBGE).

Mandachuva do local, o coronel Vieira Ferreira contou com o apoio da prefeitura do Rio de Janeiro para urbanizar a área e valorizar a praia de Ramos, um balneário de águas claras da Baía da Guanabara. A ideia era transformar o balneário na "Copacabana do Subúrbio" com cabines, chuveiro, aluguel de roupas e a construção de um cassino. Lotes eram vendidos ao lado do futuro Cassino de Ramos.[1]

O tempo passou e o bairro cresceu. Ganhou, inclusive, cinemas importantes, como o Cine Mauá e o Cine Rosário, posteriormente chamado de Cine Ramos. O *Jornal Amanhã*, na edição de 6 de setembro de 1941, descrevia o cotidiano da praia em uma manhã de domingo, frequentada por famílias de trabalhadores vindas de diversos pontos dos subúrbios cariocas, com o sugestivo título "O que é um domingo operário na Praia de Ramos":

> "Nas manhãs de domingo, a praia de Ramos se enche de uma multidão. Não há barracas de lona colorida como em Copacabana ou Leblon. Não há moldura grandiosa dos arranha-céus. Não há o braço curvo das avenidas grandiosas, fremindo na febre nervosa dos autos em disparada.

1. Classificados. *Jornal do Brasil*, Rio de Janeiro, 6 set. 1944, p. 12.

Banho à fantasia na Praia de Ramos, a "Copacabana do Subúrbio". Rodo, 1960. (*Última Hora* | Arquivo Público do Estado de São Paulo)

O soverte de casquinha, em Ramos, é um prazer maior que os gins e os martinis das *terrasses* dos bares elegantes (...) Os maiôs nunca estiveram na Rua do Ouvidor ou Gonçalves Dias, modelando o corpo branco dos manequins esguios. E as crianças que brincam na praia não têm bebês alemães ou americanos que dormem e falam *mamãe*. Alegria e sol para os que trabalham".[2]

O jornal *A Noite* anunciava ainda os planos do prefeito Henrique Dodsworth para a praia, os quais previam "ca-

2. *Jornal Amanhã*, Rio de Janeiro, 6 set. 1941, p. 3.

bines para mudança de roupa, banho frio e outras acomodações. Serão também construídos restaurantes e bares. O balneário será de construção moderna, elegante, porém sóbria. Servirão a milhares de banhistas do subúrbio".[3] As propostas do prefeito – interventor do Distrito Federal durante a ditadura do Estado Novo de Getúlio Vargas – não se concretizaram. O que houve no período foi a abertura da Avenida Brasil, entre 1941 e 1944, que provocou a extinção de muitas praias do chamado Recôncavo Carioca, do Caju até a Penha. Dessas, restou apenas Ramos.

O filho de Esmerilda e Francisco

Francisco Luiz Baptista, pai de Luiz Carlos da Vila, era mecânico de voo da Panair do Brasil, uma das companhias aéreas pioneiras do país. A Panair nasceu em 1929, como Nyrba do Brasil, uma subsidiária da norte-americana NYRBA (New York-Rio-Buenos Aires). Incorporada pela Pan Am em 1930, a empresa teve seu nome modificado de Nyrba do Brasil para Panair do Brasil,

3. Jornal *A Noite*, Rio de Janeiro, 24 abr. 1944, p. 2.

em referência ao código telegráfico da controladora da empresa, a Pan American World Airways.

A Panair foi a principal empresa aérea brasileira entre 1930 e 1950. Começou a perder mercado na década de 1950 com o crescimento da Varig e do Consórcio Real. Desde 1946, as ações da empresa foram sendo transferidas para investidores brasileiros. No final da década de 1950, a Panair passou a ser totalmente nacional, adquirida pelos empresários Celso da Rocha Miranda e Mário Wallace Simonsen, dono da Rede Excelsior.

O mecânico de voo Francisco namorou e casou-se com Esmerilda, moradora de Ramos. Os recém-casados foram morar em uma modesta casa em Duque de Caxias, na Baixada Fluminense. Esmerilda engravidou e a gestação do primeiro filho foi bem difícil. Com o trabalho árduo de Francisco na Panair e os riscos da gravidez, o casal deixou Caxias. A solução foi morar em Ramos com os pais de Esmerilda, Antônia e Manuel Ventura.

O filho de Esmerilda e Francisco, Luiz Carlos Baptista, nasceu no dia 21 de julho de 1949. Naquele ano, o Império Serrano ganhou o carnaval carioca com o

Cartão do batizado de Luiz Carlos.
(Acervo da família)

enredo "Exaltação a Tiradentes" cantando o raro samba de Mano Décio, Penteado e Estanislau Silva, em que as letras da primeira e da segunda parte começavam da mesma maneira: "Joaquim José da Silva Xavier".

Em depoimento aos autores, Dona Esmerilda admitiu que a vida na casa dos sogros não contentava Francisco. Obtendo um empréstimo do Sindicato da Panair do Brasil, o mecânico de voo comprou um terreno na Vila da Penha, outro bairro do subúrbio da Leopoldina, e começou a construir a casa para onde se mudou com a mulher e o filho. Luiz Carlos tinha acabado de completar dois anos de idade.

A música também era presente no dia a dia das famílias suburbanas. A de Luiz Carlos não fugiu à regra. A tradição dos sons dos subúrbios vinha de longe, conforme Lima Barreto, o maior escritor do cotidiano das gentes cariocas, retratou em livros como *O Triste Fim de Policarpo Quaresma* e *Clara dos Anjos*. Francisco era clarinetista de um grupo de choro dos funcionários da Panair do Brasil.

A referência afetiva de Ramos, ainda que ele tenha saído cedo do bairro, continuou muito presente ao longo da vida de Luiz Carlos. No decorrer da infância do garoto, a presença da família na casa dos avós, pais de Esmerilda, foi constante, em um ambiente marcado por almoços de fins de semana, festas e muita farra no carnaval.

O próprio Luiz Carlos da Vila relatou aquelas lembranças de Ramos no programa Conversa Afinada, da TV Brasil, em entrevista à jornalista Patrícia Palumbo, em fevereiro de 2006:

"Me lembro bem! Eu com seis, sete anos de idade na casa de meu avô em Ramos, onde eu nasci. Lá tinha muita

O pequeno Luiz Carlos, o curumim de Ramos.
(Acervo da família)

festa. Minha avó queria saber quem ia fazer aniversário, quem seria batizado para ela já organizar alguma coisa. Festa com mesa de cavalete, com muito porco assado, cozido, muito doce. Meu avô tinha uns vitrolões e tocava muito Lúcio Gatica, muita valsa; e minha tia Neli tocava acordeom pelo método do Mário Mascarenhas, que favorecia muito o ensinamento da valsa, bolero, rancheira, baião. Com a minha tia Neli aprendi os primeiros acordes no acordeom e comecei a compor tocando esse instrumento, que é mais usado no baião, bolero e valsa".[4]

Uma das primeiras fotos de Luiz Carlos foi tirada, aliás, exatamente em um carnaval no bairro que é a estrela maior da Leopoldina. O menino de Ramos está fantasiado de índio, no tempo em que o futuro cacique ainda era um curumim.

[4]. Programa Conversa Afinada, TV Brasil. Entrevista de Luiz Carlos da Vila à jornalista Patrícia Palumbo, fev. 2006.

LUIZ CARLOS DAS VILAS

"A comida entristece a bebida."
LUIZ CARLOS DA VILA

A Vila da Penha

Se fosse parte de um time de futebol, o bairro da Vila da Penha ficaria situado no meio de campo, fazendo a ligação entre a defesa e a linha de frente formada pelos bairros de Irajá, Vila Cosmos, Penha Circular, Brás de Pina, Vicente de Carvalho e Vista Alegre.

Até a década de 1920, a Vila da Penha foi uma área basicamente rural, formada por engenhos e chácaras de pequeno porte e algumas fazendas. Com o loteamento da Freguesia de Irajá e a ocupação dos subúrbios, em virtude das reformas urbanas que mudaram o perfil do centro do Rio de Janeiro, o bairro começou a se formar. O núcleo principal de ocupação foi o Largo do Bicão, no cruzamento entre as antigas estradas de Brás de Pina e do Quitungo.

Na década de 1930, a região teve sua urbanização planejada pela Empresa Industrial de Melhoramentos do Brasil, recebendo um conjunto residencial do IAPI, o Instituto de Aposentadoria e Pensão dos Industriários. O IAPI foi criado pelo governo de Getúlio Vargas e filiado a um sistema de previdência social que construiu conjuntos habitacionais em diversos pontos dos subúrbios para facilitar o acesso dos trabalhadores à casa própria.

Foi para essa Vila da Penha em formação que a família de Luiz Carlos mudou-se quando o menino tinha dois anos de idade, em 1951, deixando a casa dos avós maternos, em Ramos. O terreno da Vila da Penha foi comprado com um empréstimo que Francisco Luiz, pai do garoto, fez junto ao Sindicato da Panair do Brasil.

Os relatos da família sobre a infância de Luiz Carlos apontam para uma criança tranquila. Dona Esmerilda, a mãe do garoto, diz taxativamente, em depoimento aos autores, que ele só começou a dar trabalho quando foi para o samba.

Morro da Penha.
Pedro Pinchas Geiger
e Tomas Somlo, 1958.
(Acervo IBGE)

Aos cinco anos de idade, o menino fez a Primeira Comunhão, depois de ter sido um excelente aluno de catecismo na Igreja de Nossa Senhora do Carmo, na Estrada de Vicente de Carvalho, e aprendeu as primeiras letras em um Jardim de Infância caseiro, tocado pela professora Isa, moradora da Vila da Penha. Acabou matriculado no Educandário Vila da Penha, na Rua Oliveira Belo. Adolescente, foi para a Escola Cristo Rei, no mesmo bairro.

Segundo a memória familiar, foi no colégio da Rua Oliveira Belo que Luiz Carlos escreveu uma de suas primeiras poesias. Bom desenhista (preferia os traços que as letras na infância), o moleque surpreendeu ao ganhar um prêmio em um concurso escolar, lá pelos dez anos de idade, com um poema em homenagem ao inventor Alberto Santos Dumont.

Pouco antes do poema em louvor ao Pai da Aviação, Luiz recebeu da tia Neli, irmã da mãe, um acordeom e começou a estudar pelo método de Mário Mascarenhas, que à época era uma verdadeira coqueluche entre as crianças não apenas do Rio de Janeiro, mas do Brasil.

Luiz Carlos com impecável roupinha de marinheiro, cerca de 1955.
(Acervo da família)

Nascido em Cataguazes, Minas Gerais, no dia 21 de janeiro de 1917, Mascarenhas começou a tocar acordeom na cidade natal, aos quinze anos de idade. Com 22 anos, no momento em que estourou a Segunda Guerra Mundial, Mascarenhas acabou sendo convocado para lutar na Força Expedicionária Brasileira quando o Brasil declarou guerra ao nazifascismo. Ferido em combate, foi se tratar nos Estados Unidos e lá se dedicou mais aos estudos do acordeom.

Morou ainda dois anos na Argentina e, de volta ao Brasil, desenvolveu um método de estudo do instrumento que fez um sucesso estrondoso.

À época, nas décadas de 1940 e 1950, o Brasil assistiu à explosão do Baião, na esteira do sucesso estrondoso de Luiz Gonzaga, o filho de Januário, sanfoneiro do Araripe pernambucano. Vestido como vaqueiro, com gibão de couro e chapéu de cangaceiro, Gonzaga estourou e popularizou de vez o acordeom. Quando o xará Luiz Carlos estava indo morar com a família na Vila da Penha, em 1951, Gonzaga excursionava com patrocínio de uma marca de colírio e levava a zambumba, o triângulo e o acordeom a tudo quanto é canto do país.

A infância tranquila de Luiz Carlos foi sucedida por uma adolescência um pouco mais conturbada. Em 1965, a Panair do Brasil teve as suas linhas de voo suspendidas pelo regime militar instaurado um ano antes. O encerramento das atividades da empresa custou o emprego de Seu Francisco. Com o pai desempregado, a mãe começou a lavar roupa para fora. Luiz Carlos e Betinho, o irmão mais novo, eram os responsáveis pela entrega das roupas lavadas e passadas.

Entre uma entrega e outra, a paixão pelo futebol se consolidou. São unanimes os depoimentos de amigos sobre o fato: Luiz Carlos da Vila era bom de bola. Jogou na Escolinha do Mingau, na Vila da Penha, no Sereno de Ramos e chegou a treinar no juvenil do Flamengo. Em depoimento aos autores, o irmão Betinho descreveu Luiz Carlos no futebol como um meio-campista abusado e debochado, que queria ser jogador profissional.

A carreira de jogador de futebol foi abortada pela morte precoce do primo Jorge Francisco, o Neném, parceiro de peladas e de treinos no Flamengo. Foi por causa de Neném que Luiz Carlos, apesar de treinar no juvenil flamenguista, se tornou torcedor do Botafogo, instaurando a rivalidade caseira: Betinho é Flamengo. Com a morte de Neném, Luiz Carlos parou de ir aos treinos e a carreira do craque ficou pelo caminho.

No meio de tudo isso, a música começou a dar as caras. E o início foi marcado por um fracasso retumbante. Aos 15 anos, Luiz Carlos foi, escondido da família, fazer um teste no programa de calouros do radialista Abelardo Barbosa, o Chacrinha.

Na página ao lado
Luiz Carlos da Vila e seu acordeom.
(Acervo da família)

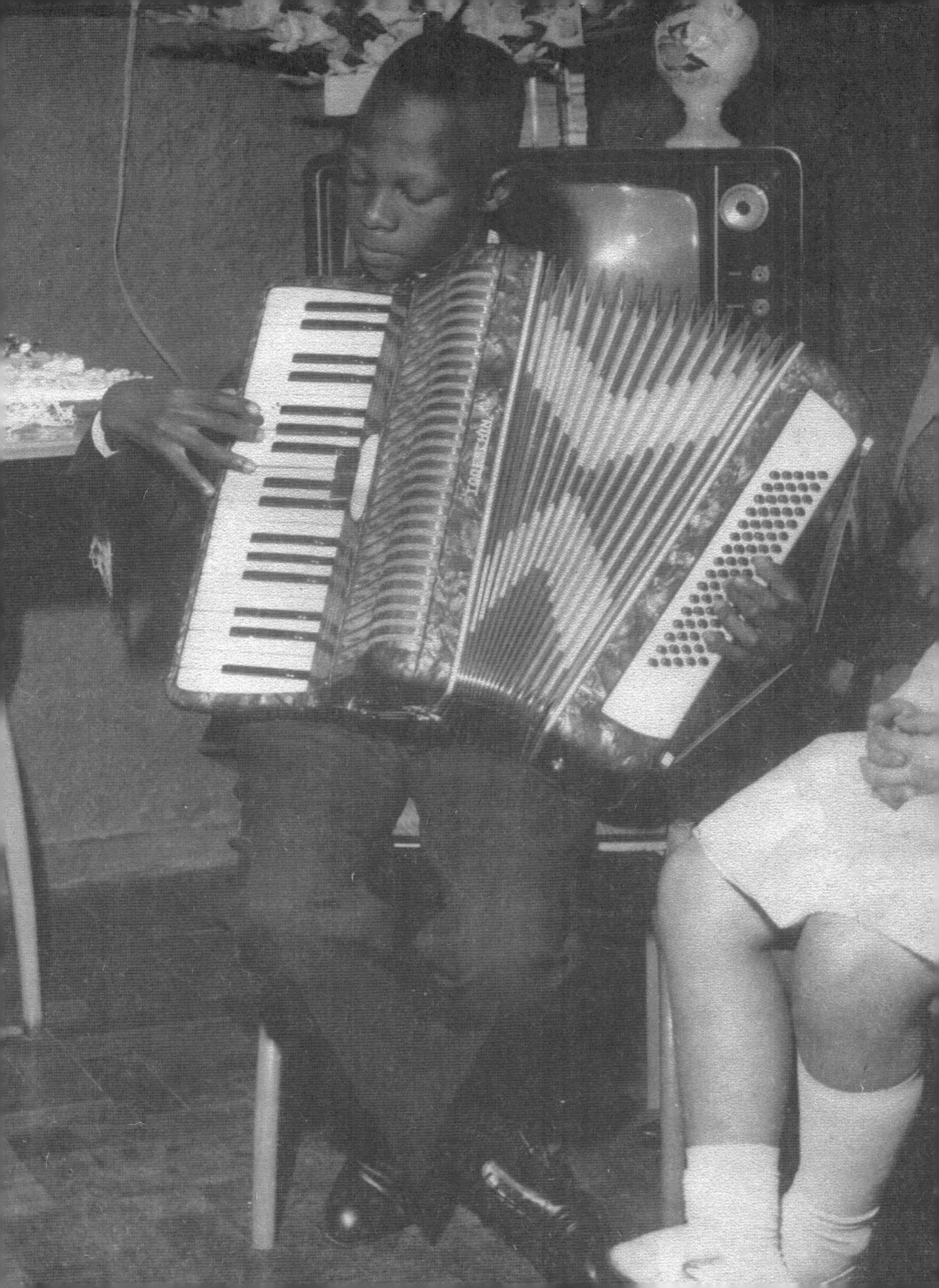

ENGANA QUE EU GOSTO

Em entrevista a Moacyr Luz, Luiz Carlos da Vila foi perguntado se "se considera bom de purrinha?" A resposta veio à queima-roupa: "Eu até já joguei quando estudava no Colégio Cristo Rei, em Vaz Lobo, mas eu não sou bom de jogo, não. Tanto que eu torço pelo Botafogo". (LUZ, 2005)

Em 2006, Luiz Carlos foi convocado pelo *Jornal do Brasil* para atacar de comentarista esportivo e marcou um golaço com o texto intitulado *EnGana que eu gosto*: "Estou desesperado! Meu Deus do céu em que enrascada eu fui me meter!? Escrever para o JB da minha juventude querida que os tempos... Bem, não adianta mais enrolar. No primeiro ataque positivo do jogo, pensei comigo, vai dar Gana. E deu. Vejamos: ponho-me no lugar de um torcedor ganense, ou melhor, do Galvão Bueno de lá. Do Ronaldo, aproveitaria para comentar as últimas atuações fenomenais. Está certo que agora é o maior goleador em Copas, mas não precisa dar uma furada daquelas do lance pela TV que com o hexa poderia – ele – fazer esquecer – Ele – o Rei Pelé. Bola fora! O Rei jamais será esquecido, assim como os seus feitos não vão apagar da memória do futebol mundial as estonteantes jogadas do Mané. Aqui volto para o campo brasileiro, que perde o nosso querido amigo e produtor musical e cultural. Paulinho Albuquerque, que ainda ressentido da partida do seu compadre Bussunda, resolve ir, com esse, fazer uma dupla de atacantes e defensores lá do céu. Grande botafoguense que vai... Vai Paulinho brilhar do outro lado. Aproveita e pergunta pro Didi: qual a receita da folha seca? Visto que nunca mais vi. Vamos ao jogo. A toda hora o Dida está sendo admoestado. O Juan tem um trabalho enorme para conter a gana adversária. O Lúcio também. E o Roberto Carlos? Esse, aliás, nossa senhora! Vive a cometer jogadas comprometedoras e bisonhas, repetindo o que aconteceu na França, quando deslocou a bandeira de corner, num chute. Brasil 2 a 0. Numa jogada de lembrar Nilton Santos ou Josimar, o Lúcio vai firme. Acredita. E aí o alívio nacional. Voltemos ao torcedor de lá de Gana. Aquele mesmo que na TV transmite o jogo, escala, apita, substitui e está sempre contra o seu comentarista de arbitragem. Impedido! Juiz ladrão! Retornando ao solo pátrio, no campo, tomo o maior sufoco. Se não fosse São Dida e as infelizes finalizações ganesas, o resultado poderia ser bem outro. Mas valeu! Valeu pela pedalada do nosso querido gordinho no lance do gol. Valeu, Ronaldinho, por aquele giro fenomenal no meio de campo. O mundo todo girou. Valeu Brasil! Axé!" (VILA, Carlos Luiz da. *Jornal do Brasil*, 28 jun. 2006, p. 3.)

Sequência de imagens de Luiz Carlos quando concluiu a primeira comunhão, 1964.
(Acervo da família)

Abelardo era um pernambucano de Surubim, "A capital da vaquejada", que, chegando ao Rio de Janeiro sem grana, arrumou um biscate como locutor de vendas da loja O Toalheiro. Foi descoberto no meio da rua, fantasiado de chuveiro, por um diretor da Rádio Clube de Niterói, pequena emissora que tinha como sede uma chácara em Icaraí. A direção da rádio deu autonomia para Abelardo criar uma atração de fim de noite.

Foi aí que o locutor teve a ideia de fazer um programa com músicas carnavalescas, cujo nome fazia referência ao local de onde era transmitido: O Rei Momo na Chacrinha. A chacrinha — a pequena chácara de onde a Rádio Clube transmitia sua programação — virou, com o tempo, o apelido definitivo de Abelardo Barbosa.

O programa fez sucesso, sobretudo em razão das extravagâncias do apresentador. Chacrinha recebia seus convidados de cuecas, toalhas de banho, fraldas, babador e lenço na

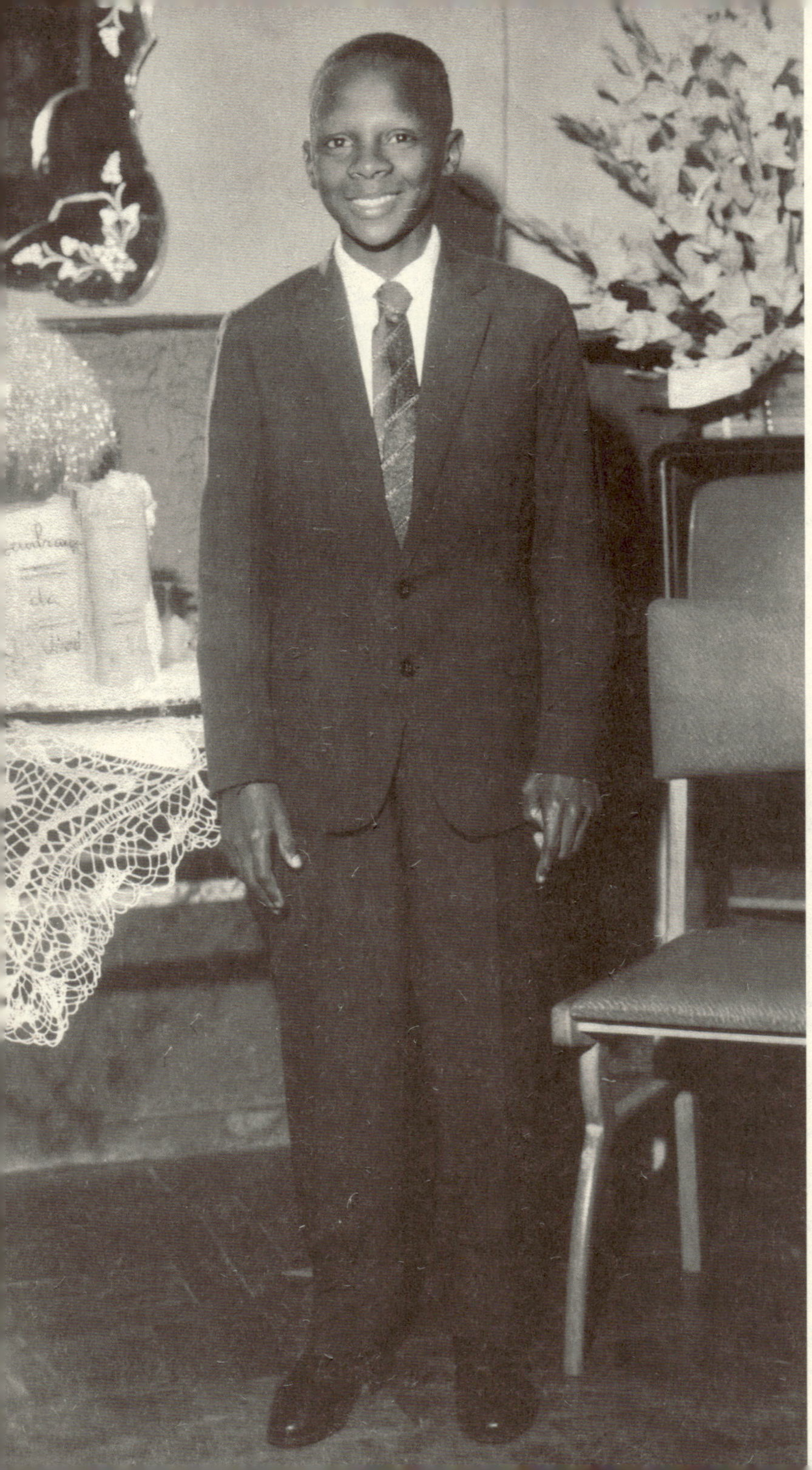

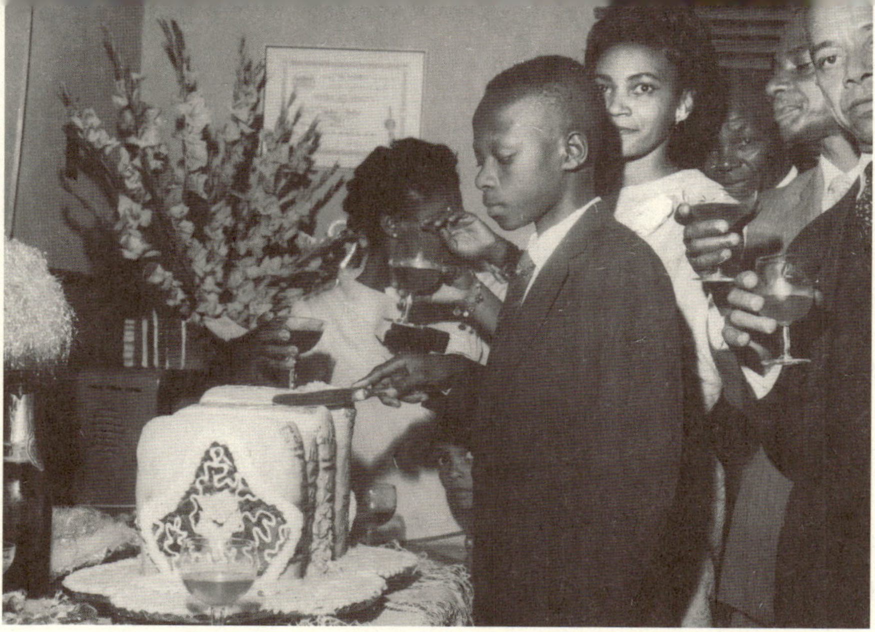

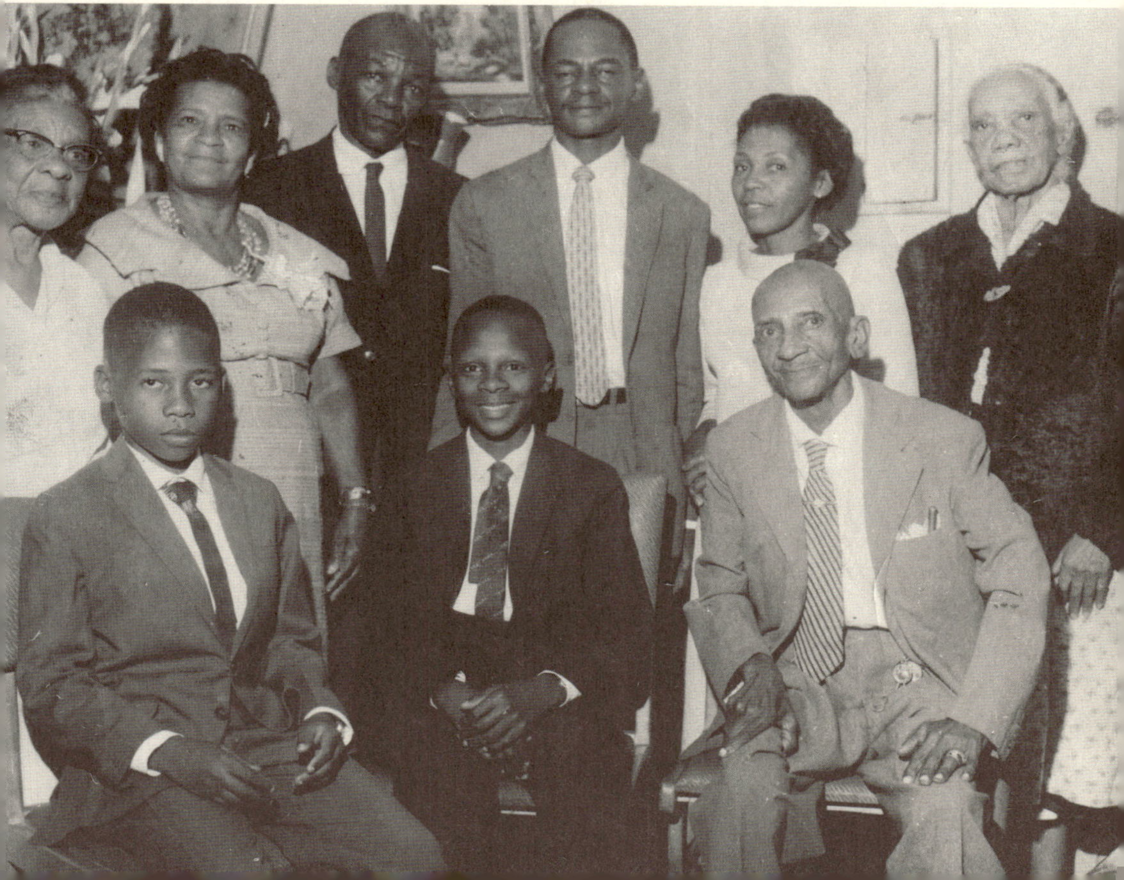

cabeça. Dependendo da marchinha que estivesse fazendo sucesso, aparecia caracterizado de árabe, colombina, índio, pirata, tirolês, jardineira e outras fantasias malucas. Em certa feita, ameaçou tirar a roupa na frente da atriz Zezé Macedo e a polícia invadiu a chácara para evitar o *strip-tease* do locutor. Vêm dessa época alguns bordões ("Terezinhaaaaaa!" "Vocês querem bacalhau?") que posteriormente marcaram a atuação de Chacrinha em rádios maiores e na televisão.

Ficou famoso o dia em que, na rádio, o programa de Abelardo apresentou aos cariocas o cantor gaúcho Teixeirinha. Enquanto Teixerinha cantava "Coração de Luto" ("O maior golpe do mundo / Que eu tive na minha vida / Foi quando com nove anos / Perdi minha mãe querida"), Chacrinha simulava um enfarto que chegou a levar o pronto socorro e a rádio patrulha ao estúdio de transmissão. Boatos sobre a morte de Chacrinha no ar, sob forte emoção após escutar Teixeirinha, levaram uma multidão à sede da emissora. O próprio apresentador ligou clandestinamente para uma funerária para que enviassem um caixão para o "comunicador Chacrinha". O furdunço terminou na delegacia, com Chacrinha sendo enquadrado por perturbar a ordem pública.

Com essa pegada peculiar, Chacrinha não se furtava a buzinar os calouros que considerasse ruins, entregar abacaxis para os cantores fracassados e distribuir bacalhaus durante o programa. A apresentação de Luiz Carlos foi uma das fracassadas. Buzinado implacavelmente

Sequência de imagens da Festa da Penha.
(*Última Hora* | Arquivo Público do Estado de São Paulo)

por Chacrinha, o adolescente simplesmente desapareceu. Não voltou pra casa.

A memória da família é a de que Luiz Carlos ficou desaparecido por dois ou três dias. A Vila da Penha se mobilizou para encontrá-lo, mas ninguém achou sinal do calouro buzinado. Em meio ao desespero, o alento veio quando a entidade de umbanda da avó materna, o Caboclo Ventania, baixou e disse: Se ele não aparecer hoje, não volto mais a terra. No mesmo dia, Luiz Carlos foi encontrado perambulando pelos arredores da Escola Municipal Grécia, na Avenida Brás de Pina.

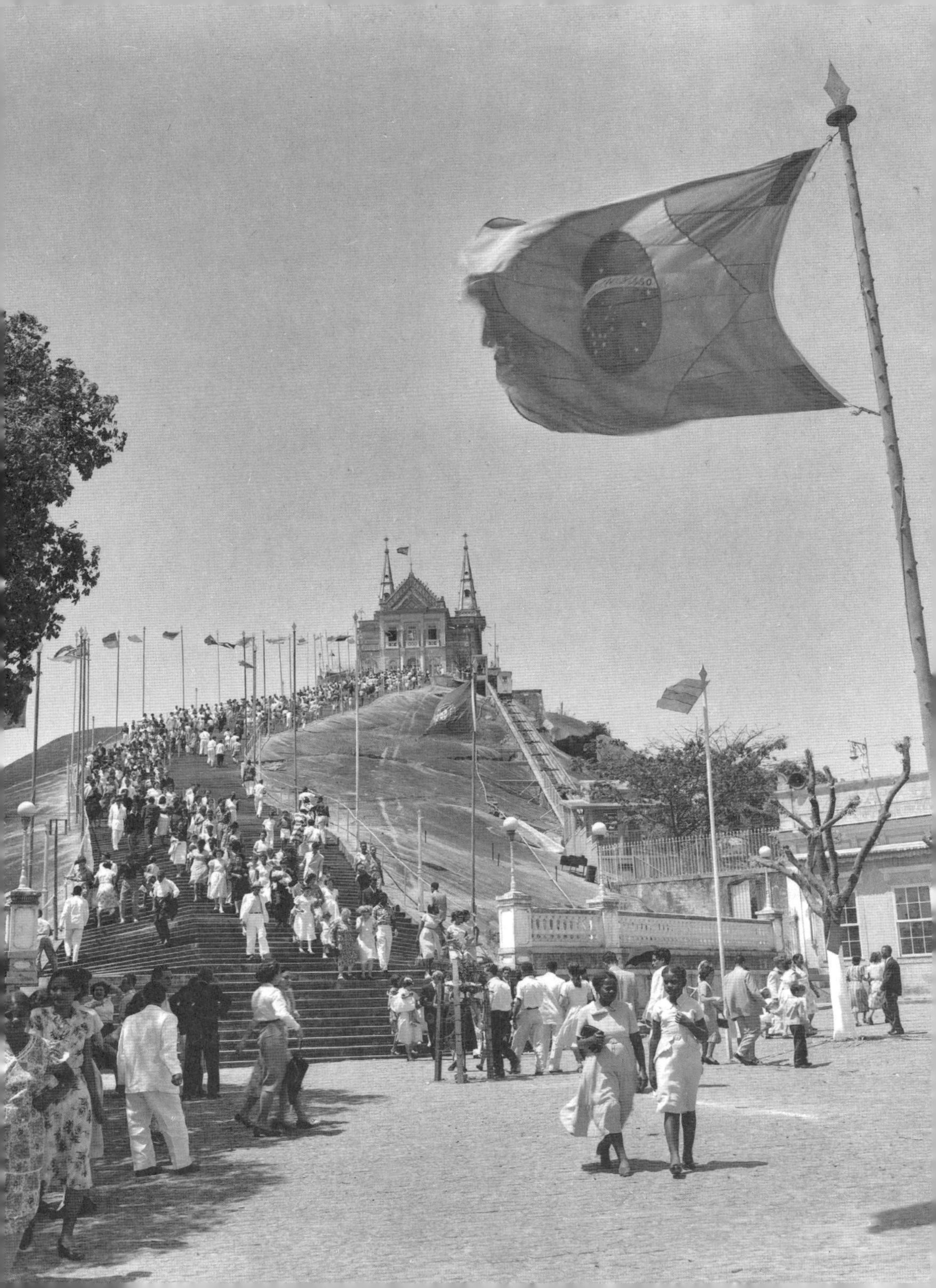

O samba

Quando perguntados sobre quem teria levado Luiz Carlos da Vila ao samba, os familiares e amigos da Vila da Penha dão a mesma resposta: Carlos Alberto de Oliveira, o Carlão Elegante.

Carioca nascido em 1935, Carlão foi o famoso sambista completo: cantor, compositor, violonista, cavaquinista, percussionista e cheio de ginga no miudinho. Betinho, irmão de Luiz Carlos da Vila, diz que Carlão ficou conhecido como Elegante na Vila da Penha por fazer os seus próprios ternos e andar sempre com algum trocado no bolso. Sua máxima malandra e exaustivamente repetida era a de que "um homem tem sempre que andar com algum dinheiro".

A carreira de Carlão como músico profissional começou no Conjunto Lá Vai Samba, em 1969. Além de Carlão, formavam o conjunto Délcio Carvalho (que mais tarde virou o maior parceiro de Dona Ivone Lara) Everaldo Cruz (violão), Jones (cavaquinho), Baianinho (cuíca) e Samuel (surdo). Na mesma época, Carlão entrou na ala de compositores da Unidos de Lucas. Em

1976, foi eleito Cidadão Samba e foi compositor e intérprete de um dos maiores sambas de enredo da história do carnaval carioca: "Mar baiano em noite de gala".

Carlão ainda foi ator de cinema e novela. Em 1979, participou de *Pai Herói*, novela de Janete Clair que estourou no horário nobre. Carlão fez o papel de Teodoro, o leão de chácara do Cabaré Flor de Lys. Carlão deu aulas de violão para Luiz Carlos da Vila, que tinha abandonado de vez o acordeom dos tempos de menino.

Além disso, Carlão Elegante começou a levar Luiz Carlos às rodas de samba e a apresentá-lo a uma turma fundamental do samba carioca. Nessa altura do campeonato, Luiz tinha uma espécie de bicho-carpinteiro. Ainda menino, já frequentava as concentrações das escolas de samba na Candelária, quando o desfile acontecia na Av. Presidente Vargas. Isso foi, em linhas gerais, seu primeiro contato com as escolas de samba. Com Carlão Elegante, a paixão deslanchou.

Foi visitando a Presidente Vargas em dias de desfile que Luiz Carlos viu Candeia e Casquinha cantando sambas que eles faziam durante o ano:

"A minha primeira carreira foi quando comecei a engatinhar. Brincadeira ou não, sempre tive muita música a minha volta. Vivi com meus avós maternos e lá tocava muito bolero, aí ouvia muita música. Nesse ambiente, morava num bairro que cheirava a samba, a minha tia estudava acordeom. Era divertido, e eu me apresentava em festas juninas e aniversários. Samba mesmo no acordeom, eu não me lembro de nenhum. Mas já tinha algo do samba em mim. Depois pedi a meu pai um violão, aí já estava frequentando as rodas de samba. Já tinha o samba na veia, dos antepassados, por causa do meu pai que me deu o samba como canal de comunicação e inspiração. Mas a grande escola foi a convivência. Eu ia aos ensaios das escolas de samba e lá tinham as velhas guardas, os sambistas".[1]

Foi Carlão Elegante que levou Luiz Carlos para ser apresentado a Candeia durante um rega-bofe na casa de um banqueiro de bicho. A roda já estava formada. Quando Candeia chegou, segundo Luiz, "tudo se transformou". Todo saliente, Luiz Carlos cantou um samba do mestre que ele próprio não lembrava: "Eu vou cantar

[1]. Batepapo UOL, Luiz Carlos da Vila.

/ Eu vou cantar minha canção / Pra extravasar / A alegria que vem / Do meu coração".

Candeia levou um tremendo susto: "Menino, como é que você se lembra desse samba?" "Para mim", rememorou Luiz Carlos, "já foi uma glória. Me meti no meio da roda e puxei um samba meu". Por causa do encontro, Luiz Carlos ganhou o número de telefone do sambista, coisa que Candeia não costumava divulgar com facilidade. "Depois de muita dúvida, liguei. E ele veio com um papo paternalista que jogou a maior água fria na minha vontade de ir à casa dele: 'Você estuda? Você trabalha?' E eu só queria falar de samba. Não fui",[2] arremata Luiz Carlos.

Segundo dona Esmerilda, foi a partir daí que Luiz Carlos — a criança quieta e calma na infância, nas palavras da mãe — começou a dar trabalho. Enquanto corria o mundo com Carlão Elegante, Luiz Carlos tentava se virar. Trabalhou nas Casas da Banha e no Serpro, órgão do Ministério da Fazenda. Chegou a passar no vestibular, tentou cursar estatística, mas um dia, segundo ainda a família, entrou em casa comunicando que estava desistindo da faculdade e do emprego no Serpro. Anunciou que ia viver do samba. Mas essa história a gente conta mais para frente.

2. Luiz Carlos da Vila: um perfeito anfitrião. Entrevista para o *Jornal Musical*, 18 abr. 2007, por Lia Baron.

Foi exatamente num encontro na casa de Carlão Elegante, na Penha, que Luiz Carlos cantou aquele que considera o seu primeiro samba. Luiz tinha por hábito, por uma mistura de vergonha e malandragem, cantar duas músicas de João Nogueira, três de Martinho da Vila, uma ou outra de Nei Lopes. No meio, enfiava um samba dele, "para alguém descobrir ou não; pois eu também temia ser descoberto. Na casa do Carlão Elegante, resolvi cantar o samba 'Aos velhos sambistas'".[3]

Estava aberto o caminho para que o Luiz Carlos da Vila da Penha, agora declaradamente sambista, passasse a ser também o Luiz Carlos de outra Vila: a Isabel. E, para isso, o samba "Aos velhos sambistas" teve um papel crucial.

A Vila Isabel

Diz a história oficial, aquela escrita em compêndios e tratados geralmente enfadonhos, que o empresário João Batista Viana Drummond, o Barão de Drummond, era fervoroso adepto da causa da abolição da escravatura. Foi ele quem comprou as terras da Imperial Quinta do Ma-

[3.] *O Globo*, 22 nov. 1985. Matutina, Jornais de Bairro, p. 8.

Rua Maxwell. Ao fundo, a Fábrica Confiança, em Vila Isabel.
Pedro Pinchas Geiger e Tibor Jablonsky, 1958. (Acervo IBGE)

caco e resolveu contratar o arquiteto Francisco Joaquim Bittencourt da Silva para urbanizar a região e transformá-la em um bairro em homenagem à princesa, filha de Dom Pedro II, que assinou a Lei Áurea: Vila Isabel. A principal via do bairro, o Boulevard 28 de Setembro, homenageia a data da promulgação da Lei do Ventre Livre, de 1871.

A Vila Isabel tem, pelo menos, três sólidos motivos para fazer parte da história do Rio de Janeiro e do Brasil. É a terra de Noel Rosa, lá foi criado o jogo do bicho e foi fundada a escola de samba que leva o bairro no nome.

O jogo do bicho surgiu em 1893, de uma forma muito simples. O Barão de Drummond, eminência política do Império, era fundador e proprietário do Jardim Zoológico do Rio de Janeiro. A manutenção da bicharada era feita com uma generosa subvenção mensal do governo.

Quando a República foi proclamada, em 1889, o velho Barão perdeu o prestígio que tinha nos tempos da Monarquia, morta e enterrada pelas casacas dos generais. Perdeu, também, a mamata que lhe permitia alimentar a bicharada.

Foi aí que um mexicano, Manuel Ismael Zevada, que morava no Rio de Janeiro e era fã do zoológico, sugeriu a criação de uma loteria que permitisse a manutenção do estabelecimento, baseada em certo jogo das flores mexicano. O Barão ficou entusiasmado com a ideia.

O frequentador que comprasse um ingresso de mil réis para o zoológico ganharia vinte mil réis se o animal desenhado no bilhete de entrada fosse o mesmo que seria exibido em um quadro horas depois. O Barão mandou pintar vinte e cinco animais e, a cada dia, um quadro subia com a imagem do bicho vitorioso.

Em pouco tempo, o jogo do bicho tornou-se um hábito da cidade, como os passeios na Rua do Ouvidor, a parada no botequim e as regatas na Lagoa. Coisa séria. A República, que detestava o Barão, proibiu depois de algum tempo o jogo. Era tarde demais. Popularizado, o bicho espalhou-se pelas ruas, com milhares de apontadores vendendo ao povo os bilhetes com animais dadivosos. Daí para tornar-se uma mania nacional e dar origem a uma complexa teoria de interpretação dos sonhos de deixar Freud no chinelo foi um pulo.

Já o GRES Unidos de Vila Isabel originou-se de um clube de futebol da região – o Vila Isabel Futebol Clube, que disputava os campeonatos de várzea com o uniforme azul e branco. O time deu origem a um bloco de carnaval que, no dia 4 de abril de 1946, transformou-se em escola de samba. A casa de um dos fundadores, Antônio Fernandes de Oliveira, o Seu China, funcionou também como primeira sede administrativa da escola até o ano de 1958, aquele em que a seleção brasileira ganhou a Copa do Mundo pela primeira vez, na Suécia.

Seu China recebeu o apelido por causa dos olhos puxados, mas não era oriental. Passava longe. Na década de 1940, saiu de mala e cuia do Morro do Salgueiro para o Morro dos Macacos. No Salgueiro, tomava parte dos fuzuês carnavalescos, mas antes de fundar a Unidos de Vila Isabel, se negava a participar da folia no bairro de Noel. O motivo? Quando indagado, Seu China se saía com a seguinte pérola: "Eu vim de uma escola de samba do Salgueiro. Não entro em bloco".[4]

Apesar desse comportamento peculiar, segundo as más línguas, Seu China não cantava, não compunha e não dançava. Mas sabia liderar uma comunidade. Ao lado dele, no sonoro escrete que criou a Unidos de Vila Isabel, jogou um time da pesada: Tuninho Carpinteiro, Ari Barbosa, Cléber da Silva, Quinzinho, Osmar Mariano, Paulo Brazão, Servan Heitor de Carvalho.

A Vila Isabel tem, curiosamente, duas madrinhas: a Azul e Branco do Salgueiro e mais tarde, quando a Azul e Branco termina, a Portela. Ao contrário da escola de Oswaldo Cruz, que pelo estatuto tem as cores azul e branco, o pavilhão da Vila é oficialmente branco e azul. A despeito disso, a escola mudaria definitivamente de tom a partir da década de 1960, com a chegada às suas fileiras de Martinho José Ferreira, à época conhecido como o Martinho da Boca do Mato.

4. *Cartas para Noel: histórias da Vila Isabel*, de Leonardo Bruno e Rafael Galdo.

A Vila não foi o primeiro destino de Martinho quando decidiu sair da verde e branco da Zona Norte, a Aprendizes da Boca do Mato (agremiação que Martinho começou a frequentar nos anos de 1950, emplacando sete sambas seguidos como compositor. A escola enrolou bandeira, acabou, na década de 1960). Depois do carnaval de 1965, Martinho chegou a participar de uma reunião na ala de compositores do Império Serrano, nos preparativos para o desfile em que o Império desceu a Avenida Presidente Vargas com "Glória e graças da Bahia".

O namoro de Martinho com a escola da Serrinha não deu liga e ele resolveu atender ao convite de Paulo Brazão para se juntar à branco e azul. O compositor passou com louvor no "teste" pra entrar na ala de compositores

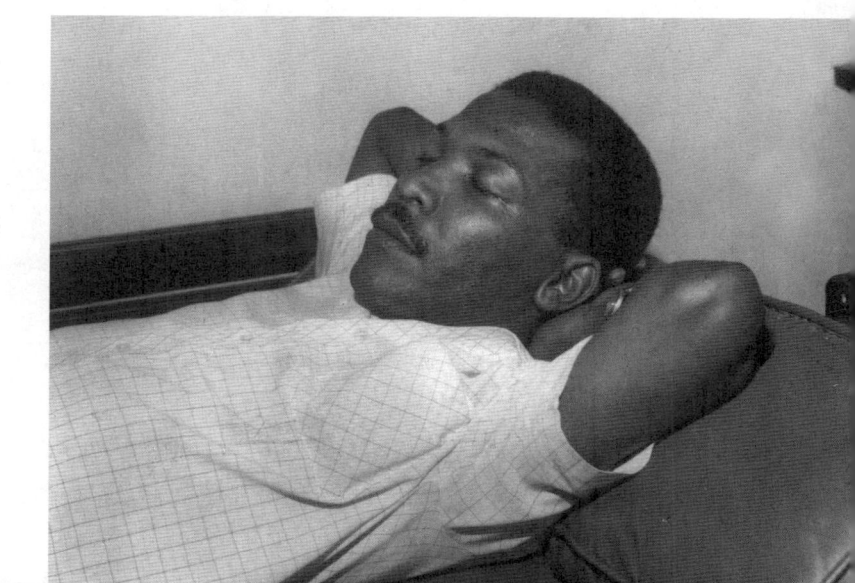

Martinho da Vila, autor do samba de enredo "Carnaval de Ilusões".
(*Última Hora* | Arquivo Público do Estado de São Paulo | 1970)

da GRES Unidos de Vila Isabel: "Boa noite, Vila Isabel / Quero brincar o carnaval / Na terra de Noel / Boa noite diretor de bateria / Quero contar com sua marcação / Boa noite (...)".

De lá pra cá, Martinho da Boca do Mato virou definitivamente Martinho da Vila. E isso não é pouca coisa. Em 1967, a Vila Isabel desfilou com o primeiro samba de enredo de sua autoria, "Carnaval de Ilusões" (com Gemeu). Na sequência, vieram outras obras-primas do gênero.

Aos velhos (e novos) sambistas

Dez anos depois do primeiro samba de enredo de Martinho para a Vila Isabel, outro futuro "da Vila" entrou pela porta da frente da agremiação. Em 1977, Luiz Carlos passou no exame da ala de compositores com a obra "Aos velhos sambistas", aquela que ele cantou na casa de Carlão Elegante: "Quem vê não diz / Que aquele velho alquebrado / No florido seu passado / Já foi rei, já foi feliz / No Carnaval era o mais fotografado / Pelas cabrochas disputado / Era bamba pra valer".

Segundo consta, Martinho da Vila comentou na lata: "Esse (Luiz Carlos) entrou bem pra ala".[5] Nesse dia, a barafunda foi memorável. Luiz Carlos chegou virado no trabalho, às 6h da manhã. Um dia, Martinho mandou à queima-roupa: "Mas, rapaz, você não faz samba? Larga esse trabalho".[6] Colou! Luiz Carlos trabalhava no Serpro[7] e na mesma hora largou o serviço e também "os livros tão caros e o canudo de papel", ou melhor: a faculdade de Estatística.

Tudo indica que a relação entre Martinho e Luiz Carlos era típica de um paizão cuidando do rebento. Isso fica claro em a "Graça Divina", uma parceria dos dois. A primeira é de Luiz (para Martinho) e a segunda é de Martinho (para Luiz): "Ele / Tirou do azul o mais azul / Ele / Pegou do branco a paz maior / E o canto mais negro que passarinhou no céu / E daí, criou Vila Isabel / E daí, criou Vila Isabel / [segunda parte] / E vieram poetas pra perpetuar a criação / E esta beleza toda é uma das razões do meu viver / Eu agradeço a Ele do fundo do coração / Pela graça divina de à Vila eu pertencer / E repetirei com toda minha emoção / Serei Vila Isabel até morrer".

5. SOUZA, Tárik. *Jornal do Brasil*, 13 jun. 1983. Caderno B, p. 2.
6. *O Globo*, Rio de Janeiro, 22 nov. 1985. Matutina, Jornais de Bairro, p. 8.
7. PIMENTEL, João. *O Globo*, 22 ago. 1999. Matutina, Segundo Caderno, p. 4.

> ## LUIZ CARLOS DA VILA REAL DA PRAIA GRANDE
>
> Luiz Carlos nasceu como curumim de Ramos e fez sua trajetória nas Vilas de Penha e Isabel. Mas quase teve outro CEP, pois chegou a pensar em uma mudança para Itaipu, em Niterói.
>
> Em 2014, o presidente da Unidos do Viradouro, Gusttavo Clarão, e o diretor Rubens Viana uniram dois sucessos do compositor, "Nas veias do Brasil" e "Por um dia de graça", e Luiz virou enredo da vermelho e branco de Niterói.
>
> A crítica especializada garantia tratar-se de um dos grandes sambas da safra de 2015 do Grupo Especial. Todavia, uma chuva digna de uma página do Velho Testamento desabou no momento em que a Unidos do Viradouro descia a Marquês de Sapucaí. Infelizmente, o rebaixamento da agremiação veio de forma inapelável.
>
> Em 2009, é bom que se diga, Luiz Carlos da Vila batizou uma escola inteira. É o Colégio Estadual Luiz Carlos da Vila, a primeira obra do Programa de Aceleração ao Crescimento (PAC) em Manguinhos, no Rio de Janeiro.

Nessa altura do campeonato, o sambista Luiz Carlos começaria a assinar de outra forma. A explicação é simples: "Quando eu ligava para a Beth Carvalho ou para o Martinho da Vila, eles mesmos pediam para eu deixar o recado com o nome de Luiz Carlos da Vila para que não fosse confundido com outro Luiz Carlos de outras paragens".[8]

Mas a pergunta continua de pé: de que Vila era Luiz Carlos? Originalmente, da Vila da Penha e não da Vila Isabel. Porém, mais tarde, Nei Lopes, observando o trânsito de "da Vila" pela cidade de São Sebastião do

8. SOUZA, Tárik. *Jornal do Brasil*, 13 jun. 1983. Caderno B, p. 2.

Rio de Janeiro e outras freguesias, pingou um sonoro: "das Vilas". Pois Luiz Carlos não era só o "da Vila Isabel" ou "da Vila da Penha" (bairro onde foi morar). Era o Luiz Carlos de todas as vilas, ruas, vielas e avenidas, como a Marques de Sapucaí.

Lembro Noel, Chico e Lalá

Em 1979, a Vila Isabel estava na segunda divisão do carnaval carioca, no mesmo barco que o Império Serrano. No ano anterior, de dez escolas que desfilaram no Primeiro Grupo, quatro foram rebaixadas. A Vila, com o enredo "Dique, um mar de amor", e o Império Serrano, com uma homenagem ao humorista Oscarito, estavam entre elas.

Aqui cabe um parêntese. Se Martinho da Vila teve um breve flerte com o Império Serrano, o caso de Luiz Carlos da Vila foi bem mais sério. Conforme relatado por amigos e familiares aos autores, Luiz Carlos foi mesmo torcedor do Império. Segundo ele, por causa dos sambas de Silas de Oliveira. A relação amorosa constru-

G.R.E.S. IMPÉRIO SERRANO
IMPÉRIO SERRANO — UM ATO DE AMOR
Autores: LUIZ CARLOS DA VILA e ZÉ LUIZ

IMPERIAL
VERDE E BRANCO DE CANTO E DANÇA
AQUARELA DA ESPERANÇA
UM ATO DE AMOR NESTE CARNAVAL

IMPERIAL
GUARDAS UM TESOURO EM FORMA DE SAMBA
MESTRE CRIADOR DE VELHOS SAMBAS
VERSOS DE LIRISMO SEM IGUAL

NOBRE
SEM PERDER SUA DOÇURA
O IMPÉRIO É A MAIS PURA
CORTE DE UM CARNAVAL
RAÇA, RESISTÊNCIA E BRAVURA
SEU PASSADO É A LEITURA
TRIUNFAL

ALÔ ALÔ TAÍ! IMPERIANO   B
BUM BUM LÁ VEM CHEGANDO   I
SERRINHA IMORTAL   S

NUM MONTE DE OLIVEIRAS
PRIMEIRA BANDEIRA DE LARA LA - RA
SERRA ONDE RENASCE A LUZ
DO IMPÉRIO QUE TRADUZ
NOSSA ALMA BRASILEIRA

Letra de "Um ato de amor", de Luiz Carlos da Vila e Zé Luiz.
(Acervo da família)

Na página ao lado
Escola de Samba Império Serrano, em 1958.
Rubens. (*Última Hora* | Arquivo Público do Estado de São Paulo)

ESPORTE CLUB M-chal RANGEL

G.R.E.S. IMPÉRIO SERRANO
ATENÇÃO IMPERIANOS: Por motivo
forçado da última chuva, daremos os
Ensaios neste Local, até o Carnaval.
Por Gentileza do E.C. MARECHAL RANGEL.

671

ída com a Vila Isabel não foi capaz de apagar o carinho de Luiz Carlos pela escola de Silas.

Nesse ano de 1979, a Vila Isabel desceu a Avenida Marquês de Sapucaí com "Os Dourados anos de Carlos Machado". O samba de enredo foi assinado por Luiz Carlos, Rodolfo de Souza, Tião Grande e Jonas Rodrigues: "Lembro Noel, Chico e Lalá / Pierrôs e colombinas / E a plateia a delirar / Fiz da noite o meu reinado".

Desfilando com o samba de Luiz Carlos e parceiros, a Vila Isabel conquistou o caneco por um ponto, derrotando exatamente o Império Serrano. O samba de enredo de Luiz Carlos da Vila e parceiros, a propósito, gabaritou o quesito, com duas notas máximas.

Na comemoração da vitória, um bonde branco e azul, puxado por um trator e ornamentado com motivos carnavalescos, saiu de São Cristóvão (onde ocorreu a apuração no 4º Batalhão da Polícia Militar) e foi para Vila Isabel. Atrás do bonde, num carro com o teto aberto, Paulo Brazão, o presidente da Vila Isabel, comandava a festa.[9]

A carreata, entre marchas e contramarchas, causou um engarrafamento enorme até o Maracanã.

9. *O Globo*, 2 mar. 1979. Grande Rio, p. 13.

AVANTE, VILA ISABEL

Depois de aparentemente pendurar as chuteiras, em 2004, Luiz Carlos da Vila, Agrião, Cláudio Jorge e Jonas concorreram na Vila Isabel com o samba de enredo "Singrando em mares bravios e construindo o futuro". Fãs de samba de enredo o consideram uma das maiores obras do gênero. "Olokum, senhor dos mares / Hoje, a Vila vem pedir passagem / Um arco-íris trança uma aliança / Terra, céu, boa maré / Triunfo da esperança / Vida de bonança, arca de Noé..."

Mas, infelizmente, o samba de enredo ficou pelo caminho. Foi "salvo" no disco *Matrizes* em 2006. Uma bolacha que, segundo o jornalista Álvaro Costa e Silva, o Marechal, faria "O velho comunista José Ramos Tinhorão, que faz uma eternidade abandonou, infelizmente, a crítica de música popular, dar uivos de alegria com este *Matrizes*, capitaneado por Cláudio Jorge e Luiz Carlos da Vila. Pois o CD apresenta tudo que Tinhorão mais gosta – e brigava para ser difundido: samba, samba de roda, samba de enredo, partido alto, congada, baião, capoeira, coco, maracatu, xote, boi, jongo, catira, ijexá. Longe de ser um CD didático e chato. E bom (muito bom) de ouvir". (SILVA, Álvaro Costa e. Deste, o Tinhorão gosta. *Jornal do Brasil*, 7 jan. 2006. Caderno B, p. 3).

Em 2005, Luiz Carlos e Martinho da Vila entram na peleja pelo hino da Unidos de Vila Isabel: "Soy loco por ti, América: A Vila canta a latinidade". A diretoria da escola preferia o samba de enredo da dupla Martinho e Luiz Carlos da Vila: "Avante, Vila Isabel vai afirmar / Que quando a união está pra chegar / O céu azul quer ao sol voar / Nos sonhos possíveis de se realizar..."

Mas o restante da escola estava do lado de André Diniz (e parceiros). E agora, José Ferreira? A artimanha foi usar do expediente usado por Laila e Joãosinho Trinta em outros carnavais. Coube a André Diniz criar um novo "Frankenstein da Vila" e fundir os dois sambas. A nova obra trazia a primeira parte de Martinho e Luiz e a segunda de André Diniz e parceiros. O que se diz é que Martinho não aceitou mudança de planos e o samba foi cortado na semifinal. Sendo assim, o samba de enredo de André Diniz levou o certame e virou o hino da escola. Resultado? Dezoito anos depois de "Kizomba", a Vila venceria de novo o carnaval das escolas de samba do Rio de Janeiro. No programa de TV *Alô, Presidente*, o presidente da Venezuela, Hugo Chávez, comemorou a conquista como "uma tremenda vitória da integração latino-americana".

Pelo Boulevard 28 de Setembro e pelas ruas transversais e paralelas do bairro desfilavam baianas, carros alegóricos, passistas, fantasias, adereços e outros bichos. O fuzuê só acabou na manhã de sexta-feira. O abre-alas, um engenho movimentando duas roletas estilizadas foi simplesmente deixado na Praça Barão de Drummond. Uma alma sóbria e caridosa, das poucas do bairro naquela altura, escreveu um cartaz com letras garrafais: "POR FAVOR, NÃO DESTRUIR. ESSE CARRO. DESFILARÁ SÁBADO".[10]

Campeão pela Vila Isabel naquele ano de 1979, Luiz Carlos se afirmava como um sujeito das duas vilas: a da Penha e a da escola de samba. Na letra fria dos dicionários, uma vila é definida como um povoamento de categoria inferior à de cidade e superior à de aldeia. É provável que os autores dos dicionários afirmem isso por não conhecer uma aldeia que traz, dentro dela, uma cidade inteira e todas as vilas de Luiz Carlos: aquela comandada por certo Cacique de Ramos. É pra lá que vamos agora.

10. *O Globo*, 3 mar. 1979. Grande Rio, p. 8.

SIM, É O CACIQUE DE RAMOS

"Se eu fosse um samba,
eu seria partido alto."
LUIZ CARLOS DA VILA

Uma das imagens mais marcantes do carnaval carioca desde a década de 1960 é, sem dúvida, o desfile do Cacique de Ramos. Milhares de foliões fantasiados de apaches ocupavam a Avenida Rio Branco e mostravam como o Velho Oeste foi devorado antropofagicamente pelo carnaval tupiniquim. A agremiação de Ramos foi, com suas rodas de samba à sombra da tamarineira sagrada, uma espécie de Troia do samba diante da explosão midiática do rock nacional nos anos de 1980 – e só isso bastaria para dar ao bloco um lugar de importância maior no panorama cultural brasileiro e, particularmente, na história do samba.

A louvação ao Cacique de Ramos leva, porém, a uma indagação: o que aconteceu com o Bafo da Onça, bloco que dividia com o bloco do Cacique a paixão dos foliões cariocas? Em pleno século XXI, enquanto o carnaval de rua volta ao centro da cena, o Bafo da Onça anda caindo pelas tabelas, como pálida lembrança do que foi. Bafo e Cacique cansaram de transformar a Avenida Rio Branco, nos dias de Momo, em um verdadeiro Maracanã em domingo de Fla × Flu. Contar a história dos apaches sem falar das onças-pintadas é rigorosamente impossível, sobretudo por causa de um detalhe surpreendente: segundo

Milhares de foliões fantasiados de apaches ocupavam a Avenida Rio Branco.
(Rio de Janeiro, RJ | 06/02/1978 | Carnaval. Blocos | Desfile. Bloco Carnavalesco "Cacique de Ramos" | Foto Paulo Moreira | Neg: 78-1772 | Agência *O Globo*)

É A VIDA, DO BARÃO À BARONESA

No disco *Barão Vermelho*, em 2004, o sambista Luiz Carlos da Vila atacou com o *roquenrol* "É a vida". A obra é uma parceria inusitada de Luiz Carlos com o percussionista Peninha: "Viramos amigos", diz Peninha, "um dia ele fez uma letra e eu pus uma melodia rock. Ele (Luiz) brincou dizendo que agora que fez um rock vai usar brinco e roupa de couro". (Leonardo Lichote. *Globo online*, 03 nov. 2004.

Quatro anos depois de conhecer o Barão Vermelho, foi a vez de conhecer o barão Coen Schimmelpenninck van der Oije, a baronesa Coen e a e rainha Beatrix da Holanda. Luiz Carlos da Vila e Moacyr Luz quebraram os protocolos cheios de salamaleques: "O ponto alto da viagem à Holanda, porém, não foram os vestidos de Marisa nem os capotes de Lula. Foi o samba apresentado pelo naipe dos sambistas Luiz Carlos da Vila, Moacyr Luz, Nilze Carvalho, Thiago Prata, Mestre Trambique e Paulino Dias. No repertório: 'A voz do morro', 'Saudades da Guanabara' e, para fechar a tampa, 'Kizomba, a festa da raça'. Na plateia da corte holandesa, o primeiro ministro da Holanda, o embaixador, o governador de Pernambuco. Lula e a rainha Beatrix presentearam os músicos com duas lindas cestas das famosas tulipas holandesas. Após a apresentação, houve um rega-bofe da melhor qualidade. Num clima informal de botequim na Tijuca, a rainha serviu, ela mesma, champagne para Moacyr Luz, enquanto o sambista trocava uma ideia com Lula. O barão Coen Schimmelpenninck van der Oije quis conhecer pessoalmente a rapaziada, mas a baronesa Coen gostou mesmo foi do requebrado elegante do Luiz Carlos da Vila" (ANGEL, Hildegard. Sem pausa para respiração ou break para cafezinho, aí vão as últimas da temporada! *Jornal do Brasil*, 15 abr. 2008. Caderno B, p. 5.)

Betinho, o irmão e companheiro de carnaval, Luiz Carlos da Vila, antes de se apaixonar irremediavelmente pelo Cacique de Ramos, foi torcedor do Bafo da Onça.

O Bafo da Onça é mais antigo que o Cacique de Ramos. O bloco foi fundado dentro de um botequim do bairro carioca do Catumbi, em meados dos anos cinquenta. Seu principal fundador foi um carpinteiro e policial chamado Sebastião Maria; um sujeito que, durante os dias de carnaval, formava uma espécie de "bloco do eu sozinho" e costumava sair pelas ruas do bairro fantasiado de onça-pintada.

Seu Tião Carpinteiro tinha ainda o hábito de começar a beber com afinco em seis de janeiro, no dia de Santos Reis. A data marcava, para ele, o início das festas de Momo. Seu Tião só decretava o encerramento do Carnaval na quarta-feira de cinzas. Ocorre que o carpinteiro bebia tanto que acabava ficando com um hálito pesado. Parecia, de fato, que comia carniça. Durante uma das carraspanas contumazes, um grupo de amigos do Catumbi, liderado por ele, resolveu criar um bloco de carnaval. Todos sairiam fantasiados de onças-pintadas. O nome do bloco já nasceu pronto.

Bafo da Onça.
(Rio de Janeiro, RJ | 08/02/1978 | Carnaval | Bloco Bafo da Onça. Foto Paulo Moreira | Neg: 78-1766 | Agência *O Globo*)

O Bafo cresceu e virou atração do carnaval da cidade. As mulatas de Oswaldo Sargentelli, João Roberto Kelly, Oswaldo Nunes e Dominguinhos do Estácio eram figuras populares nos furdunços que a turma do Catumbi promovia. A popularidade foi tamanha que o próprio Bira Presidente, fundador e eterno dirigente do Cacique, admite que o bloco dos apaches de Ramos foi criado também com o objetivo de superar as onças pintadas do Catumbi.

A decadência do Bafo é análoga ao triste fim do bairro do Catumbi, centro de origem do bloco. Poucos bairros cariocas sofreram tanto com as reformas urbanas que, vez por outra, marcam a cidade. Ao longo das décadas de 1960 e 1970, o Catumbi foi sendo devastado. A abertura do túnel Santa Bárbara e, especialmente, a construção do viaduto Trinta e Um de Março, dividiram o bairro em dois pedaços, ocasionaram a demolição de imóveis centenários e a destruição de quadras inteiras.

Em nome da reestruturação urbana do Rio, o Catumbi se transformou em um bairro de passagem, perdeu a maior parte de seus moradores e deixou de ser um centro de referência para a comunidade, com suas vivências, saberes, hábitos cotidianos e visões de mundo. O Bafo da Onça, de certa forma, era fruto desse espaço de convívio dizimado pelo poder público.

Caciques em todos os Ramos

O terreiro do Cacique de Ramos é um lugar de definição do espaço difícil em relação aos bairros da região da Leopoldina. A Rua Uranos, número 1326, sede do bloco, para alguns é Olaria, pois fica em frente à Estação de Olaria. Apesar disso, na disputa entre Ramos e Olaria, no imaginário carioca ganha Ramos. A imagem do Cacique vai ser sempre mais forte que o logradouro determinado pelo trem. É Ramos e estamos conversados.

Calhamaços antigos sobre as origens do Cacique dão conta de que tudo começou com o bloco Homens das Cavernas, criado em 1958. A agremiação carnavalesca encabeçada por moradores de Ramos foi fundada para substituir o Recreio de Ramos que, nessa altura do campeonato, estava mal das pernas. Três anos depois, em 20 de janeiro de 1961, o nome foi trocado para Cacique de Ramos. O bloco nasceu no dia de São Sebastião, padroeiro da cidade e consagrado e sincretizado pelos tambores com o orixá Oxóssi, protetor do bloco.

Há aí fascinante cruzamento. O Rio de Janeiro é uma cidade oficialmente fundada para expulsar franceses e apagar a cidade tupinambá que, tempos depois, quis ser francesa para negar que é profundamente africana e tupinambá.

Espada em riste, diz a história oficial que São Sebastião apareceu milagrosamente na batalha de Uruçumirim para lutar contra os índios tupinambás que ameaçavam o projeto português na Guanabara. No fenômeno do amálgama da fé, São Sebastião cruzou flechas com Oxossi, o caçador. Oxóssi, por aqui, é protetor dos tupinambás: aqueles mesmos que o santo católico ajudou a matar. São os tupinambás que baixam nos terreiros, lançando as suas flechas de cura, no dia do santo flechado. Baixam nas frestas da festa do padroeiro, subvertem tudo e mandam flechas para todos os cantos.

Fundado no dia de São Sebastião, protegido por Oxossi, o Cacique tem como símbolo carnavalesco um autêntico apache pele vermelha dos filmes de Tom Mix, um dos primeiros ídolos do cinema mudo e dos filmes de *cowboys* do velho oeste norte-americano.

A troca de nome do bloco ocorreu por intermédio de seus fundadores, oriundos de três famílias: Félix do Nascimento (Ubirajara, Ubirany e Ubiracy), Oliveira (Walter, Chiquita, Sereno, Alomar, Jorginho e Mauro), e Espírito Santo (Aymoré e Conceição). O trio de irmãos Félix do Nascimento tinha como pais Domingos e Mãe Conceição, filha de santo iniciada no candomblé por Mãe Menininha do Gantois, a grande yalorixá baiana.

A própria Mãe Menininha do Gantois orientou, através do jogo de búzios, que os fundadores do bloco procurassem um terreno onde houvesse árvores, para que no lote dessem frutos. E fruto foi o que não faltou: Zeca Pagodinho, grupo Fundo de Quintal, Luiz Carlos da Vila, Jorge Aragão, Sombrinha, Arlindo Cruz, Beto Sem-Braço, dentre outros.

Mãe Conceição cuidou de arrumar a casa. Colocou um preceito nas tamarineiras (duas e enormes) "que são da poesia guardiãs" para dar sombra e abrigar a rapaziada. Reza a tradição que as tamarineiras realizam os pedidos das pessoas que por ali passam, conforme conta Ubirajara Félix do Nascimento, o Bira Presidente. Bira é reconhecido pelo cargo que ocupa desde o primeiro dia de atividade do bloco e teve papel mais do que relevante na transformação do Cacique em, mais que agremiação carnavalesca, uma das instituições culturais mais importantes da cidade.

Apesar de a fundação ter ocorrido no início da década de 1960, foi só no final da década seguinte que o Cacique de Ramos chegou ao auge da forma. E tudo começou com o futebol, que Luiz Carlos da Vila tanto amava e jogou. Em 1977, um grupo de peladeiros resolveu bater uma bolinha uma vez por semana, nas quartas-feiras, na quadra.

Depois do futebol surgia o churrasco, desciam várias cervejas de casco escuro e, como consequência desse fuzuê, começava a roda de samba. Pegou!

Levada ao pagode da tamarineira por Alcir Portela, ex-jogador de futebol, Beth Carvalho conheceu a roda do Cacique de Ramos. Apesar de não ser chegada numa bola, a botafoguense Beth se apaixonou pelo que viu e ouviu e jogou nas onze. Virou uma espécie de fiadora, ou melhor, madrinha daquele movimento todo.

A instrumentação utilizada na roda era o elemento mais peculiar nessa história toda: o repique de mão, o banjo e o

O terreiro do Cacique de Ramos, na Rua Uranos, número 1326. Lá onde o samba é alta bandeira.
(Antonio Andrade | Agência *O Globo*)

tantã caíram no samba, ao lado do cavaquinho, do violão e do pandeiro. Ubirany tocava um repique fechado em um dos lados e completava o pagode batendo com um anel no instrumento, o repique de mão. Almir Guineto se inspirou na ideia de seu parceiro musical Mussum e adaptou o corpo do banjo, instrumento tradicional da música folk norte-americana, ao braço do cavaquinho. Além da qualidade do som, a armação reforçada do banjo reduzia o risco de rompimento de cordas. O banjo passou a ser utilizado com apenas quatro cordas, com o mesmo número de trastes e a afinação em ré-sol-si-ré do cavaquinho.

Sereno mudou a história da percussão do samba brasileiro ao bater a tradicional tambora em cima, e não entre as pernas. É o tantã, instrumento com o diâmetro variável: os mais usados são de 12", conhecidos como rebolo, tantã de corte ou tantanzinho, e o de 14", que possui um som mais grave, como o do surdo. A ideia genial de Sereno foi exatamente a de usar o tantã como substituto do surdo de marcação.

A nova instrumentação trouxe uma dinâmica diferente ao bom e velho samba. Saía assim, do terreiro da Rua Uranos, o ritmo para vários pagodes de fundos de quintal.

O grupo Fundo de Quintal, propriamente dito, surgiu profissionalmente na passagem da década de 1970 para 1980 e tornou-se o mais importante e influente em seu campo de atuação. A primeira formação do Fundo de Quintal contou com Bira Presidente, Almir Guineto, Neoci, Ubirany, Sereno, Jorge Aragão e Sombrinha. Logo no ano seguinte, Arlindo Cruz entraria na vaga de Almir Guineto. Esse tipo de reunião informal que proporcionou o nascimento do Fundo de Quintal e deu nome ao grupo (nos fundos de um velho quintal suburbano) passou a designar uma forma muito procurada de diversão popular, os "pagodes de fundo de quintal" ou, simplesmente, os "fundos de quintal".

Em tempo: A palavra pagode está presente na língua portuguesa, na acepção de "festa ruidosa", desde o século XVI. O termo pagode ganhou, no Rio de Janeiro, primeiro, o significado de "reunião de sambistas", que se estendeu depois às composições nelas cantadas, para então, a partir da década de 1980, designar um estilo de composição e interpretação do samba. Na acepção de festas ou festividades, desde os primeiros anos da República tem-se notícia de pagodes em casas de famílias cariocas, assim como nos terreiros das escolas de samba e em festas públicas da Pe-

Luiz Carlos
tocando violão.
(Acervo da família)

nha e da Glória. Porém, a denominação ganhou força e se expandiu mesmo no Rio a partir da década de 1970, com os dos pagodes do Clube do Samba (no Méier), Tia Doca (em Oswaldo Cruz), Pagode do Arlindinho (em Cascadura e depois na Piedade), Cacique de Ramos, dentre outros. O grupo Fundo de Quintal foi, sem sombra de dúvida, o grande responsável pela difusão do estilo.

Já temos um timaço, meia dúzia de craques, um ritmo e uma madrinha. Só faltava o hino.

O poeta da tamarineiras no doce refúgio

É o próprio Luiz Carlos da Vila que descreve, em entrevistas, a sua chegada ao Cacique de Ramos:

"Eu ouvi falar daquela história e eu queria ir lá. Mas eu sou muito tímido, meu Deus! Eu vou lá como? Eu só sei que um dia eu estava passando de ônibus e o ônibus parou exatamente em frente à quadra. Aí eu escutei o som. Desço, não desço, desço, não desço. Desci! Nesse dia estava lá o Martinho da Vila e o Jorge Aragão. Pronto, aí fiquei!"

"Eu já ouvia dizer que às quartas-feiras no Cacique de Ramos, no final da década de 1970, tinha um pagode. O falecido Neoci, que tinha sido um dos fundadores do Fundo de Quintal (um grande compositor, um grande amigo), se dava muito bem com um pessoal do futebol. Às quartas-feiras, ele pegava aquele pessoal. Ele fazia comida muito bem (coisa que eu também gosto de fazer e aprendi muito com ele), levava esse pessoal de dia pra almoçar e lógico que depois (o encontro) virava samba. Essa história foi pegando, e a cidade foi tomando conhecimento. Volta e meia estavam lá o Martinho da Vila, o João Nogueira, o Roberto Ribeiro. Eu lembro que eu conheci a Nara Leão,[1] que inclusive gravou um samba meu, lá no Cacique de Ramos. Porque o negócio pegou fogo. Já havia uma requisição de cantar um samba do rádio. E nós criamos um pacto que a cada quarta-feira tinha que ter um samba novo. Alimentando e fomentando a coisa das parcerias. Aí eu fiz sambas com o Arlindo, com o Sombrinha, com o Jorge Aragão. Eu já conhecia o Martinho (um pouco lá de Vila Isabel), mas intensificamos uma parceria. Tudo porque estávamos ali! Na quadra do Cacique de Ramos."[2]

O samba "Doce Refúgio", que acabou se transformando em uma espécie de hino informal do Cacique de Ramos, surgiu de maneira inusitada, num daqueles episódios que ressaltam a inspiração do poeta.

Luiz Carlos relatou, em diversos depoimentos, que estava, um dia, tomando uma cerveja com Ubirany, embaixo das tamarineiras enormes que abrigam os passarinhos nas manhãs. Então caiu uma folha dentro da

[1]. Nara Leão gravou "Relembrando", de Luiz Carlos da Vila, no elepê *Meu samba encabulado*, em 1983. A obra é uma homenagem de Luiz Carlos ao seu pai.

[2]. Entrevista de Luiz Carlos da Vila ao Programa Conversa Afinada da TV Brasil.

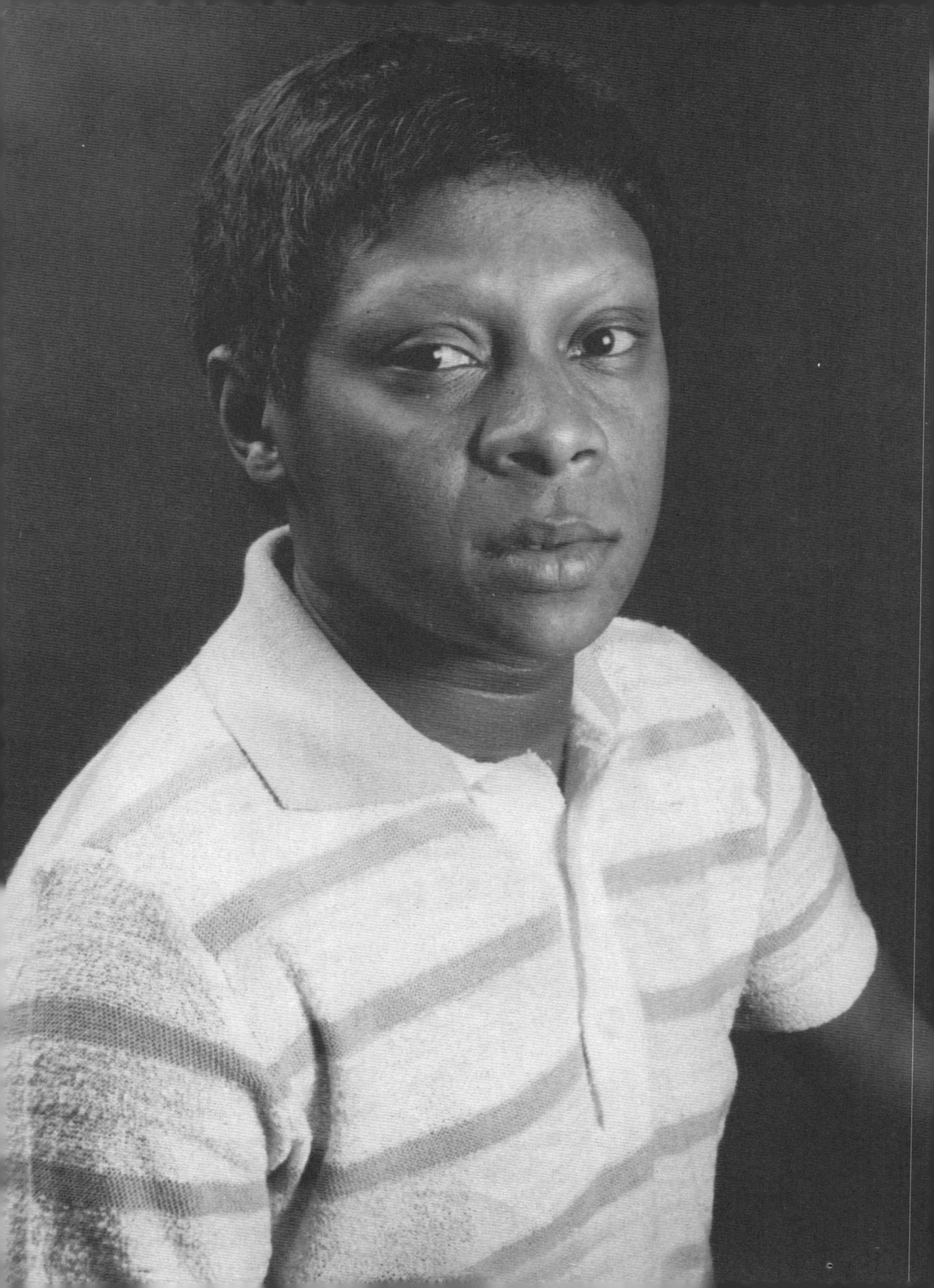

cerveja. Com a palavra, o poeta: "Não me lembro se a folha caiu no meu copo ou no dele. Aí disse o Ubirany: 'Você não é poeta? Faz uma música pra isso aí'. Qualquer coisa que acontece comigo as pessoas logo pensam que vai dar poesia, sei lá o quê".

Assim surgiu o "Doce refúgio":

"Sim, é o Cacique de Ramos
Planta onde em todos os ramos
Cantam os passarinhos nas manhãs."

O sonho não acabou

Numa dessas quartas-feiras no Cacique de Ramos, Beth Carvalho viu Luiz Carlos da Vila cantar "A graça do mundo", primeira música do compositor a entrar em disco, pelo conjunto Nosso Samba, em 1978.

A madrinha reconheceu a melodia e se apresentou, como se precisasse, ao compositor. A amizade começou a

Na página ao lado
Luiz Carlos,
anos 1970.
(Acervo da família)

DOCE REFÚGIO

A obra "Doce Refúgio" foi gravada no oitavo disco de Luiz Carlos da Vila: *Um Cantar à Vontade* (2005). A bolacha ficou guardada quatro anos na gaveta. A gravação se deu num show ao vivo no teatro Rival, no Rio de Janeiro. O CD é cheio de borogodó, um primor. Luiz Carlos comenta: "tem algumas falhas de desafino, mas é isso. E eu acho que é isso que está fazendo com que a procura por esse disco tenha sido bem grande. Porque as pessoas querem isso. Eu tenho na memória os discos ao vivo que eu mais gosto na vida, por exemplo, o disco de Elizeth Cardoso que ela gravou no Teatro João Caetano com o Conjunto Época de Ouro. *Um Cantar à Vontade* taí".

Dez anos antes de *Um Cantar à Vontade*, em 1995, foi lançado *Raças Brasil*, pela Velas. O terceiro disco da carreira de Luiz Carlos, segundo Mauro Ferreira, "ratifica essa inspiração com refinada seleção de sambas. (...) é um disco que celebra o orgulho de Luiz Carlos da Vila de ser negro, brasileiro, carioca e, acima de tudo, de compor um belo e saboroso samba". (FERREIRA, Mauro. Raças Brasil: saboroso fruto do 'quintal' carioca. *O Globo*, 11 out. 1995. Matutina, Segundo Caderno, p. 2).

Dois anos depois do CD *Raças Brasil*, que segundo o jornalista Silvio Essinger, "firmou Luiz Carlos da Vila junto à crítica como um dos melhores autores do mercado", Luiz atacou com *Uma Festa no Samba*, em 1997. No CD, Luiz Carlos privilegia seu talento como intérprete, cantando apenas três músicas próprias: "É difícil cantar a música dos outros", diz Luiz, e emenda: "Procurei me esmerar. Agora dei uma de Gil, fiz um disco com jeito de tocar no rádio, mas com qualidade" (ESSINGER, Silvio. *Jornal do Brasil*, 28 ago. 1997. Caderno B, p. 2).

ser firmada ali. Em 1980, no LP *Sentimento Brasileiro*,[3] Beth Carvalho gravaria o primeiro sucesso fonográfico e radiofônico de Luiz Carlos da Vila: "O sonho não acabou".

Sentimento Brasileiro faz parte de uma trilogia fundamental que Beth gravou e, em larga medida, sintetiza o encontro que a cantora promoveu entre a tradição do samba urbano do Estácio de Sá e das velhas guardas de Mangueira e Portela e a potência do novo samba carioca que estava se disseminando a partir das tamarineiras do Cacique de Ramos. Ao lado dos discos *De pé no chão* (1978) e *No pagode* (1979), *Sentimento Brasileiro* é o retrato daquele momento especialmente fértil do samba do Rio de Janeiro.

Ao lado de sambas de Argemiro e Casquinha ("A chuva cai"), Noca da Portela e Zé Maranhão ("Rochedo"), Monarco e Alcides Malandro Histórico ("Você pensa que eu me apaixonei"), a música de Luiz Carlos escolhida pela intérprete era uma homenagem a Candeia.

Sobre a composição, Luiz Carlos declarou:

"O Candeia é ícone, ele se destaca. Candeia era fogo! Fazia tudo bem. Demorei dois anos pra fazer esse samba.

3. Aproveitando o sucesso de "Por um dia de Graça", Luiz gravou o seu primeiro compacto, *Horizonte Melhor*. Na sequência vieram seus dois elementares elepês. No seu primeiro disco, por exemplo, *Luiz Carlos da Vila* (1983) ousou colocar teclados. No segundo, *Para esfriar a cabeça* (1985), introduziu outros instrumentos eletrônicos e o resultado "ficou exatamente como eu queria. Acho que não é o pessoal do samba que é conservador, mas o que ouve o samba. Se tudo muda, evolui, por que só o samba precisa continuar sempre no cavaco, pandeiro e violão? É uma discriminação. Afinal, Alceu Valença e Elba Ramalho inovaram o forró e ninguém os acusa de heresia", finaliza Luiz Carlos da Vila (Samba de Luiz Carlos da Vila, no embalo eletrônico. O *Estado de São Paulo*, 5 abr. 1985, p. 19).

Ele morreu em 1978 e eu terminei esse samba em 1980. Que é 'O Sonho Não Acabou'. Estava grilado de botar esse nome. Porque, um pouco antes, Os Beatles tinham dito que o sonho acabou. E o meu samba é 'O Sonho Não Acabou'. Eu pensei: 'Acho que eu não vou botar isso, não. Vai chocar uma galera aí.' Aí encontrei com Paulo Moura e ele disse: 'Não, meu filho! Bota O Sonho Não Acabou!' A Beth Carvalho gravou. E todo lugar que eu vou as pessoas pedem. E se não pedirem, eu canto também."

O samba para Candeia tem uma curiosidade. A letra da segunda parte diz:

"Onde houver uma crença

Uma gota de fé

Uma roda, uma aldeia

Um sorriso, um olhar

Que é um poema de pé

Sangue a correr nas veias

Um cantar à vontade

Outras coisas que a liberdade semeia

O sonho não vai acabar

Candeia..."

O SONHO NÃO ACABOU

Ouvindo "O sonho não acabou", o professor e escritor João Batista Vargens ganhou na Funarte o concurso de monografia com uma obra sobre o mestre Candeia. Entregou a Luiz a melodia de "A luz do vencedor". Da Vila praticamente psicografou uma letra para a composição.

Em 1998, A *Luz do Vencedor* dá nome ao sexto disco de Luiz Carlos da Vila. Além de batizar e abrir o álbum, é a única parceria (ainda que póstuma) entre os dois. O disco-tributo (uma homenagem a Candeia, cujos os 20 anos de morte vinham sendo lembrados desde os fins de 1998) seria um dos últimos trabalhos antes de um difícil período de superação de um câncer no intestino. "Estava tão mal que me sentia como se estivesse entrando para o centro da Terra. Mas eu já tinha decretado que não ia morrer. Eu agarrei a vida quando ela já não era mais minha".

Segundo o jornalista Tárik de Souza: "O Candeia recriado com requintes fiéis à dubiedade do mito por Luiz Carlos da Vila em 'A Luz do Vencedor' deveria servir de lição aos pagodeiros fabricados em série. É possível tratar a dor de cotovelo ('Gamação', 'Infeliz', 'A dor não é brinquedo') sem apelar para a baba elástica e bovina de que fala Nelson Rodrigues. Além disso, o requinte poético conjuga-se à densidade melódica em pérolas como 'Não tem veneno', 'Filosofia do samba', 'Ouço uma voz', 'Minhas madrugadas' e 'De qualquer maneira'. No final da obra 'Lua', Luiz Carlos chama a atenção do convidado Zé Luiz para a beleza dos que cantam: 'antigamente era assim', diz o outro Luiz. Das Vilas corrige: "Antigamente só, não, hoje em dia também." (SOUZA, Tárik de. *Jornal do Brasil*, 11 mai. 1999. Caderno B, p. 4).

Segundo Luiz Carlos da Vila,
"Candeia era fogo!".
(*Jornal Movimento* | Arquivo Público
da Cidade de São Paulo)

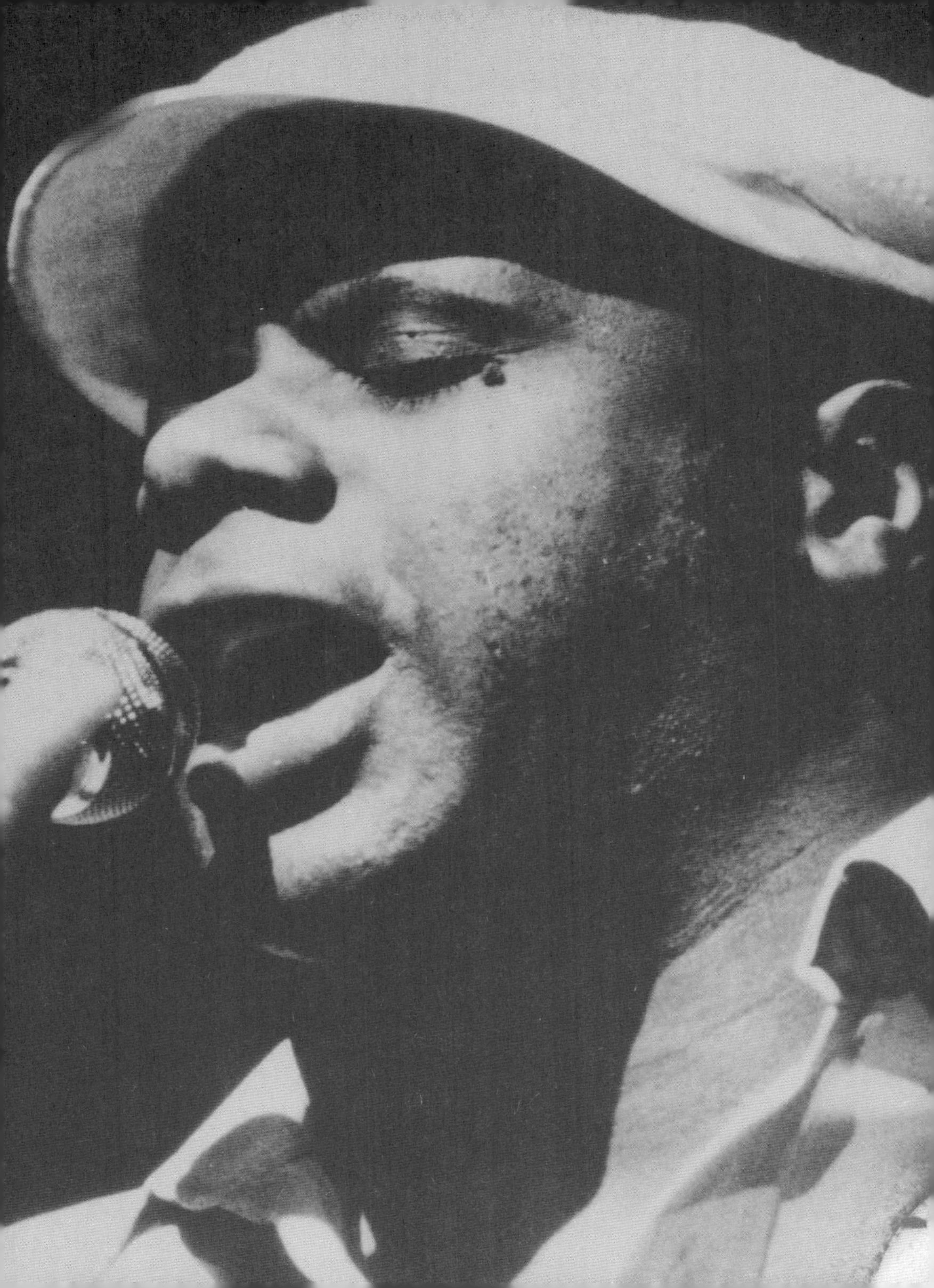

A frase "um poema de pé", que Luiz Carlos considerava a melhor do samba, se referia ao fato de que Candeia, mesmo passando parte da vida em uma cadeira de rodas, depois de uma briga de trânsito em que tomou tiros e ficou paraplégico, continuava erguido.

O problema é que a expressão "poema de pé" foi muitas vezes confundida com "poema de fé", fato que deixava Luiz Carlos cioso de que suas letras fossem cantadas corretamente, irritado.

O Luiz Carlos da Vila da Penha, da Vila Isabel e do Cacique de Ramos, ainda teria um encontro maior com o mestre Antônio Candeia Filho. Daqueles capazes de transformar a vida.

KIZOMBAS

"Luiz Carlos da Vila é o poeta mais hiperbólico da música brasileira."
ARLINDO CRUZ (compositor)

Diretas, jaz!

Apaixonado por cavalos, o general João Baptista Figueiredo, ex-chefe do SNI, que assumiu a presidência da República em 1979, sucedendo o general Ernesto Geisel, chegou a dizer que preferia "o cheiro dos cavalos ao cheiro do povo". Desde o golpe de estado de 1964, o povo podia escolher o Rei Momo, em animadíssimos concursos no Largo da Carioca, a Miss Renascença, o Bebê Hipoglós, mas não o presidente. O processo de abertura política não viria a galope, mas cheio de coices dados em militantes políticos, operários, artistas, intelectuais e estudantes.

A pressão popular pela redemocratização, somada a uma cisão interna entre os militares da linha dura e os moderados, surtiu efeito. A Lei da Anistia, ampla, geral e irrestrita, foi promulgada pelo presidente João Baptista Figueiredo em agosto de 1979. Nem é preciso dizer qual a emoção de familiares e amigos quando os primeiros exilados começaram a desembarcar no país e os primeiros presos políticos foram liberados dos quartéis e presídios.

Bandas de música recebiam os exilados no aeroporto do Galeão, e o país era embalado por uma trilha sonora que incluía "O bêbado e a equilibrista" (João Bosco e Aldir Blanc) e "Tô voltando" (Maurício Tapajós e Paulo César Pinheiro). A volta dos que partiram num rabo de foguete contrastava com a sisudez do general Figueiredo, que gostava de sacar do colete a frase "juro fazer deste país uma democracia", emendada de forma nada suave: "Quem for contra a abertura democrática, eu prendo e arrebento".

Um dos últimos atos terroristas da linha dura aconteceu no dia 30 de abril de 1981, em um show de MPB realizado no Riocentro, no Rio de Janeiro, em comemoração ao feriado do dia 1º de maio, Dia do Trabalhador.

Várias bombas seriam detonadas no local. Os explosivos seriam plantados no Riocentro pelo sargento Guilherme Pereira do Rosário e pelo capitão Wilson Dias Machado. Com o evento já em andamento, uma das bombas explodiu dentro do carro onde estavam os militares, no estacionamento do pavilhão. O sargento morreu na hora e o capitão feriu-se gravemente.

Uma segunda explosão aconteceu na miniestação elétrica responsável pelo fornecimento de energia do local. A bomba foi jogada por cima do muro da miniestação, mas felizmente explodiu no pátio. A eletricidade não chegou a ser interrompida. O Serviço Nacional de Informações (SNI) ainda tentou encobrir o fracasso total do atentado com uma versão mirabolante e insustentável: o plano teria sido coisa de organizações extremistas de esquerda.

Esse episódio trágico, que, segundo Luiz Carlos da Vila, "deu um frio na espinha do país",[1] deu origem ao samba "Meu canto". O compositor admitiu que precisava ser sutil, "se não me travavam a música":[2]

1. SOUZA, Tárik. *Jornal do Brasil*, 13 jun. 1983. Caderno B, p. 2.

2. SOUZA, Tárik. *Jornal do Brasil*, 13 jun. 1983. Caderno B, p. 2.

"Meu canto é o tal passarinho

Que não quer gaiola

As cordas da minha viola não vão violar

Se caio, levanto e guardo na minha caixola.

A lição dessa vida é escola

E ponho no samba pro povo cantar (...)

Que a liberdade no trono da vida a reinar

Que a estrela da paz ilumina a imensidão

E lê nos jornais que eu vi uma inclusão

Magia, alegria do povo a cantar".

O lance final do governo de Figueiredo foi a mobilização popular em torno da campanha pelas Diretas Já, em 1984. Milhões de pessoas foram às ruas do país para defender o voto direto para a presidência da República. Nos showmícios, artistas e políticos tomavam o microfone e cantavam as trilhas sonoras do movimento pelas Diretas, como "Pelas tabelas", de Chico Buarque, e "Por um dia de graça", de Luiz Carlos da Vila.

O samba de enredo "Por um dia de graça" é uma espécie de testamento dos vencidos. Em 1979, Luiz Carlos inscreveu a obra no concurso do Grêmio Recreativo de

Arte Negra e Escola de Samba Quilombo, fundada sob a liderança do mestre Candeia.

Em 11 de março de 1975, ao lado de Carlos Monte, Paulinho da Viola, Claudio Pinheiro e André Motta Lima, Candeia endereçou ao então presidente da Portela, Carlinhos Maracanã, um documento com críticas ao que estava acontecendo com as escolas de samba e sugestões para que a escola não perdesse o rumo. Sem diálogo com a direção portelense, Candeia acabou se desligando da Portela e liderando a criação da Quilombo, que pretendia retomar o fio perdido das tradições negras do samba.

O próprio Luiz Carlos da Vila admite que não merecia ganhar a disputa para o samba de 1979: "Eu tinha que perder mesmo. Não aparecia para defender o samba. E quando eu ia, nunca levava um prospecto com a letra. Não me cortavam da escola por consideração".[2]

No entanto, difundida pela voz de Simone, a música converteu-se em um dos hinos do movimento das Diretas Já. O próprio Luiz estava no comício das Diretas Já, na Candelária, em 1984:

2. Luiz Carlos da Vila: um perfeito anfitrião. Entrevista para o *Jornal Musical*, 18 abr. 2007, por Lia Baron.

"Fui ao histórico comício. Estava lá em baixo, na galera, e alguém começou a puxar o samba. Todo mundo aderiu. Foi de chorar. Um ditado diz: samba de enredo que se perde não se canta nem para mãe. Mas esse é um exemplo de samba de enredo que perdeu e deu

POR UM DIA DE GRAÇA

"Por um dia de Graça" foi gravado no elepê *Desejos*, da cantora Simone, em 1984. O samba contou com a participação de 30 ritmistas da Portela – 15 surdos, 5 ganzás, 5 cuícas e 5 repiques, sob a direção do mestre Marçal e participação especial de Neguinho da Beija-flor. A CBS alugou os estúdios da Polygram, na Barra, mas como o som ficava muito estridente, a solução foi gravar a faixa no pátio do estacionamento (SWANN, Carlos. Ao ar livre. *O Globo*, 24 jun. 1984. Matutina, O País, p. 16).

Em poucas semanas, o samba de enredo era um dos mais pedidos no Programa do Roberto Figueiredo, no ar de segunda a sábado de 12h às 14h na Rádio Globo. Segue o ranking: 1- "É tão Lindo" (A Turma do Balão Mágico, na versão de Edgar Paços) 2- "If You're Not Here", dos Menudos (de Vila, Dias, Pagan e Montoy) 3- "Deixa eu te amar", na voz de Agepê (Agepê, Silva e Camilo) 4- "Por um dia de Graça" (*O Globo*, 28 out. 1984. Matutina, Revista da TV, p. 11).

Simone, em entrevista aos autores, revelou que antes de gravar "Por um dia de Graça", chegou a ouvir mais de 150 fitas, com seu produtor Mazola, endereçadas a ela por novos compositores. "Foi o próprio Luiz Carlos da Vila que me entregou a música, pessoalmente, e esse foi o nosso primeiro encontro. A gravação que fizemos foi memorável, feita ao ar livre, com o Mestre Marçal dirigindo a incrível bateria da Portela! Foi emocionante. Nunca sabemos como o público vai receber uma gravação ou outra, com essa eu senti de imediato que a música e a letra eram especiais", finaliza a cantora.

Placar das Diretas Já na Candelária, no Rio de Janeiro, 1984.
(25/04/1984 | Alcyr Cavalcanti | Eleições diretas. Passeata e comício na Cinelândia. Vigília durante a votação da Emenda Dante de Oliveira. Neg 84 | Agência O Globo)

3. Luiz Carlos da Vila: um perfeito anfitrião. Entrevista para o *Jornal Musical*, 18 abr. 2007, por Lia Baron.

certo".³ "Um dia / meus olhos ainda hão de ver / Na luz do olhar do amanhecer / Sorrir o dia de graça."

Mas não podíamos cantar a vitória antes do tempo. No dia em que a emenda Dante de Oliveira, que previa a escolha direta do presidente para a sucessão de Figueiredo, foi votada na Câmara dos Deputados, o general Newton Cruz percorreu Brasília no lombo de um cavalo, ameaçando prender todo mundo de camisa amarela, símbolo da campanha. O país inteiro parou para acompanhar a contagem dos votos e o pior aconteceu: 298 deputados a favor e 65 contra. Faltaram 22 votos para a aprovação da emenda.

É A MINHA JANE

Com a derrota da emenda Dante de Oliveira, só votaríamos para presidente em 1989. E nesse ano Luiz Carlos da Vila foi eleito pela sua "parceria na vida", Jane, que à época era rainha de bateria da escola de samba Tupy de Braz de Pina. Juntos eles têm uma filha, Maiana Baptista, e assinam a obra "Samba que nem Rita adora". Luiz Carlos toma o assunto pela proa: "A Jane é minha parceira na vida, mas não exatamente na música. Fiz esse samba, que é sobre rompimento, quando me separei da Dora, minha primeira esposa, e estava chateado com a forma com que o término aconteceu. Aproveitei e dei a parceria para a Jane. Acho que ela gostou! Com a gravação de Seu Jorge (em *Samba esporte fino*, de 2001), fiquei conhecido também no pessoal de rap, de funk, já que ele é completamente adentrado nessa religião aí" (BARON, Lia. Luiz Carlos da Vila: um perfeito anfitrião. *Jornal Musical*, 18 abr. 2007).

Caldos e...

Em 2005, Jane teve uma ideia que deu o maior caldo: "A ideia do Caldos e Canjas era da Jane, minha mulher, e demorou anos para sair do papel. Até que no meu aniversário, em 2005, ela resolveu fazer uma comemoração aqui em casa. Quando tomei pé do negócio, ela já tinha convidado mais de mil pessoas. O diálogo se deu mais ou menos assim:

– Como vai caber todo mundo aqui dentro?
– Ela disse: 'Aqui, não. A gente fecha a rua'.
– Como assim? E porque é meu aniversário, a gente fecha a rua?'"

Prudentemente, eles resolveram organizar o rega-bofe no Cacique de Ramos. Foram mais ou menos duas mil pessoas. Com o sucesso da festa, o casal decidiu reproduzir a roda de samba todo primeiro domingo do mês, para um público mais reduzido, em seu quintal. Nos preparatórios dos Caldos e das Canjas, Jane passava uns dois dias debruçada sobre o fogão para organizar o menu: cozido, ensopado de peixe com camarão e caldo de feijão. Apesar de Luiz Carlos também cozinhar (e muito bem), era Jane que comandava os quitutes da maior responsabilidade. "Mas o pirão", segundo Luiz Carlos da Vila, "fica por minha conta". "Tem que ter paciência e mexer sem parar senão embola".

A coisa foi crescendo e não teve jeito: o evento foi transferido para a Lona Cultural João Bosco, em Vista Alegre, e depois para a quadra dos Boêmios de Irajá. (BARON, Lia. Luiz Carlos da Vila: um perfeito anfitrião. *Jornal Musical*, 18 abr. 2007).

...Canjas

Uma das maiores canjas de Luiz Carlos da Vila feitas para Jane foi sua "versão" de "Sábado em Copacabana", de Dorival Caymmi e Carlos Guinle: "um bom lugar pra passear é o Suriname / e não for lá / Qualquer lugar / sem tsunami / Eu vou sair / eu vou cantar / Passei no exame / Em minha teia há abelha / há um enxame / Se você quer se perfumar pacorabane / Eu já filmei / E abalei Jean Cloude Vandame / O tempo não passa depressa / Nas pernas da Virgínia Lane / Mas o meu amor / Meu grande amor é a minha / Janeeee".

Essa Kizomba é a nossa constituição!

Nem mesmo o grande corre-corre decorrente de um barulho semelhante a uma bomba interrompeu a apresentação, na madrugada do feriado do dia 12 de outubro de 1987, no Esporte Clube Maxwell, dos compositores finalistas da escolha do samba de enredo da Unidos de Vila Isabel para o Carnaval de 1988.

Tudo transcorria às mil maravilhas até a subida ao palco dos intérpretes do segundo samba concorrente, composto por Rodolpho, Jonas e Luiz Carlos da Vila. A quadra começou a lotar às 22h do domingo. Compositores de diversas escolas deram uma pinta no Maxwell e até o Capitão Guimarães, ex-presidente da Vila Isabel e presidente da Liga Independente das Escolas de Samba, compareceu, lastimando o fato de a branco e azul do bairro de Noel, até aquele momento, não ter sua própria quadra, obrigando seus integrantes a ensaiar em plena rua, no Boulevard 28 de Setembro.

A primeira composição a ser cantada para o julgamento foi a de Ovídio e de Azo. No ano anterior, os dois venceram o concurso, ao lado de Martinho da Vila, com o samba de enredo "Raízes", revolucionário por ter sido composto sem rimas. A apresentação da dupla foi apoiada por uma torcida que cobriu a quadra de papel picado. Todavia, foi no samba de Rodolpho, Jonas e Luiz Carlos que as pessoas se mostraram mais empolgadas. Foi justamente aí que começou a confusão.

Alguém deve ter cantado a pedra ao ouvir o estrondo: "Que tiro foi esse?". Pronto! As quase quatro mil pessoas que se acotovelavam na quadra começaram a correr, levando a lona, mesas, garrafas e cadeiras. A presidente da escola, Lícia Maria Caniné, a Ruça, tentou acalmar o público que corria de um canto para o outro. O arranca-rabo, segundo a presidente, "foi provocado por grupos estranhos à escola que jogaram uma bomba num dos cantos da quadra causando toda a confusão".[4] Alguns soldados da Polícia Militar entraram no clube, mas não levaram ninguém.

Com a quadra praticamente às moscas depois do fuzuê, os compositores Sidney Sã, Miro Jr., Wilson Caetano, Claudinho do Orvalho e Arthurzinho cantaram seu samba, ao som de fogos de artifício lançados na parte externa do Maxwell. Alguns torcedores voltaram e sambaram, principalmente ao ouvir o irresistível refrão: "Canta negro/ Jongo e joga capoeira/ Dança seu afoxé/ Mostra a sua arte inteira".

Os jurados encarregados de escolher o hino da branco e azul foram a presidente da escola, Lícia Maria; o presidente da comissão de carnaval, Paulo César Cardoso; a vice-presidente da comissão de carnaval, Diva de Jesus; Martinho da Vila (que mandou seu voto por escrito); e o

4. *O Globo*, 13 out. 1987. Matutina, Rio, p. 9.

carnavalesco da escola, Milton Siqueira, o Miltinho. Após as apresentações, os jurados se reuniram por aproximadamente dez minutos e proclamaram o resultado: Rodolpho, Jonas e Luiz Carlos foram os vencedores.

Um parto difícil

A escolha do samba de enredo, mesmo com bomba, boato de tiro, correria e tudo o mais, foi mamão com açúcar se comparada ao parto que foi a composição da obra. Rodolpho e Jonas eram amigos e trabalhavam juntos no jogo do bicho. Luiz Carlos da Vila entrou depois na parceria. O próprio Martinho da Vila teria ligado para Luiz Carlos, convocando-o a voltar às disputas de samba. Martinho teria escolhido a parceria com Rodolpho e Jonas.[5] Luiz tenta explicar o que ele mesmo chamou de "um parto difícil": "Eu já não frequentava a Vila e falava pouco com os parceiros. Eu me lembro bem que o Rodolfo e o Jonas ligavam pra mim todo dia, durante mais de trinta dias".[6]

5. *O Globo*, 14 fev. 1988. Matutina, Carnaval, p. 15.

6. Entrevista de Luiz Carlos da Vila ao programa Conversa Afiada da TV Brasil.

Luiz ainda admitiu que costumava funcionar melhor trabalhando sob pressão: "Eu acredito em inspiração pra tudo, o samba de enredo pressupõe uma encomenda, mas dá pra você ter inspiração. Porque você tem tempo. Você tem um mês ou até mais para fazer um samba. E eu sou muito de trabalhar sob pressão".[7]

Trabalhar por pressão, vá lá, mas trinta dias para dar o ar da graça, é dose. Irritado, Rodolpho queria transformar o trio em dupla e tirar o "Das Vilas" da parceria: "Fala com aquele moleque que se ele não aparecer amanhã, não precisa mais vir".[8] Na véspera de entregar o samba, Luiz pegou "um taxista amigo – daqueles agitados como eu" – e foi para a casa do Rodolpho. E falou o seguinte para o chofer: "Fica parado, me esperando, que eu vou fazer um samba e já volto". E pensou com seus botões: "hoje o samba vai".[9]

Rodolpho sugeriu abrir os trabalhos com "Valeu, Zumbi! O grito forte dos Palmares". Jonas foi contra, mas foi voto vencido: "Esse trecho não é bom para abrir, deveria vir só na segunda parte". Na sequência, vem a contribuição de Jonas: "que correu terras, céus e mares / influenciando a abolição". Sem se esquivar, Luiz Carlos

7. Entrevista de Luiz Carlos da Vila ao programa Conversa Afiada da TV Brasil.

8. *Cartas para Noel: histórias da Vila Isabel*, de Leonardo Bruno e Rafael Galdo.

9. *O Globo*, Rio de Janeiro, 14 fev. 1988, Matutina, Carnaval, p. 15.

sugeriu o refrão final: "Vem a lua de Luanda / Para iluminar a rua / Nossa sede é nossa sede / De que o apartheid se destrua".[10]

Fechando a corrida: os parceiros estavam inspirados com os trechos feitos e "em meia hora terminaram a música".[11] E Luiz Carlos da Vila voltou no mesmo táxi à Vila da Penha.

Quem viu, viu.

A Vila não tinha sede própria, como o samba campeão ilustra: "Nossa sede é nossa sede / de que o apartheid se destrua". E era ali que todo mundo se encontrava para produzir o carnaval, na rua, na praça. Desde 1985, quando realizou a primeira Kizomba no Rio, reunindo inúmeros artistas negros de todo o país na Praça da Apoteose, Martinho da Vila tinha o sonho de transformar a Kizomba (festa, celebração, no idioma kimbundo, falado na região do Congo e de Angola) em enredo da Unidos de Vila Isabel. Em 1988, ano do centenário da abolição da escravatura no Brasil, finalmente o enredo

10. *Cartas para Noel: histórias da Vila Isabel*, de Leonardo Bruno e Rafael Galdo.

11. *O Globo*, 14 fev. 1988. Matutina, Carnaval, p. 15.

"Nossa sede é nossa sede / de que o apartheid se destrua".
(ZN Rio de Janeiro, RJ | 16/02/1988 | Carnaval | Escola de Samba Unidos de Vila Isabel | Defile | Foto Jorge Marinho | Neg: 88-3259 | Agência *O Globo*)

saiu, desenvolvido pelo próprio Martinho e pelo carnavalesco Milton Siqueira.

O desfile não foi fácil. Para início de conversa, não foi sopa convencer as integrantes da ala das Mumuílas de que elas teriam que desfilar com os seios nus. As Mumuílas são mulheres guerreiras de uma tribo que habita as regiões angolanas de Namibe e Lubango.

Era preciso explicar a sua função no enredo, fazê-las entender que não era apenas uma fantasia. E deu certo. Todas as integrantes vieram do Complexo dos Macacos e de morros como o São Carlos. No desfile, pareciam tão reais que havia quem jurasse que eram angolanas legítimas. Cada mumuíla da Vila Isabel confeccionou seu próprio colar. Do traje típico, só ficou faltando um detalhe: saias feitas com a casca de ovos de avestruz, que ficariam os olhos da cara, conclui Martinho da Vila.[12]

Na concentração, a situação era bem difícil. Alegorias e tripés estavam recebendo os retoques finais quase na entrada da pista de desfile. Ruça passou revista na tropa. Espremeu a cabeça com as duas mãos: as sandálias da comissão de frente? Na correria esquecerem de encomendar as sandálias. No melhor de sua forma, Ruça mandou de primeira: "Como é que é? Vocês não vão sair? Que sandália? Que sapato é esse? Vocês já foram na África? Nunca vi guerreiro africano calçado".[13]

Um dos guerreiros da comissão não se fez de rogado: com notável presença de espírito, colocou uma tira de couro entre os dedos e amarrou no tornozelo, imitando uma sandália. Todos fizeram o mesmo. E os membros

12. *Cartas para Noel: histórias da Vila Isabel*, de Leonardo Bruno e Rafael Galdo.

13. *Cartas para Noel: histórias da Vila Isabel*, de Leonardo Bruno e Rafael Galdo.

da comissão entraram descalços na Marquês de Sapucaí. A chuva ameaçou desabar, mas só pingou. A turma de Vila Isabel diz que o samba de esquenta (composto por Bombril, Jaime Harmonia, Jorginho Sabará e Rodolpho) afastou o temporal: "Sou da Vila não tem jeito / Comigo eu quero respeito / Que meu negócio é samba (Ô iaiá) / Se você não acredita / Por favor não me complica / Deixa esse papo pra lá. Martinho pegou o microfone e atacou de "Na boca da avenida" (com Galhardo): "Alô Vila Isabel / Que beleza! / A Vila está na boca da avenida / Boa noite pessoal..."

Em seguida, Martinho fez a convocação para animar a tropa e as arquibancadas do setor 1 da avenida, majoritariamente ocupadas pelo povão: "Alô, Vila Isabel! Cada um de nós a partir de agora é um Zumbi. Zumbi é alegria. Zumbi canta. Zumbi dança. Valeu, Zumbi?" "Valeu", respondeu o público do setor 1. "Mais forte, gente!, valeu, Zumbi?". "Valeu!!!", respondeu um coro mais forte que o primeiro. "Axé pra todo mundo!" Era a hora do puxador Gera entoar os primeiros versos.

Na madrugada de terça-feira, 16 de fevereiro de 1988, quando a Unidos de Vila Isabel desceu a Marquês de Sapucaí com as roupas que vestem fevereiro, o carnaval do Rio de Janeiro assistiu a um de seus desfiles mais impactantes: a comissão de frente com guerreiros desfilando com os pés sangrando; a coroa estilizada da escola; o fundador Paulo Brazão desfilando em um trono de Soba (rei) africano; os estandartes em homenagem a Manoel Congo, João Candido, Nelson Mandela, Malcolm X, Martin Luther King, Samora Machel, Agostinho Neto e Amílcar Cabral; artistas, intelectuais, militantes do movimento negro, como Martinho, Nei Lopes, Alcione, Neguinho da Beija-Flor, grupo Fundo de Quintal, Antônio Pitanga, Toni Tornado, Zezé Mota e Antônio Pompeu. Todos eles desceram a avenida ladeando um dos símbolos daquele desfile, a mesa do banquete popular, com um rega-bofe de primeira preparado pelas mãos de Filomena, a Filó, a melhor cozinheira do Morro dos Macacos: feijoada, porco, acarajé, bobó de camarão, xinxim, cabrito, galinha à cabidela. A comida não era cenográfica e foi inteiramente devorada ao longo do desfile da agremiação.

Nem pintado de verde e rosa

Na apuração do carnaval, até o penúltimo quesito, a Mangueira e a Vila Isabel estavam rigorosamente empatadas. Aí chegou o quesito temido pela Vila: comissão de frente. A Vila recebeu uma nota 9,0 e as outras foram 10,0 (a escola não perdeu pontos, por causa do regulamento que previa o descarte da menor nota). Já a Estação Primeira recebeu duas notas 9,0, deixando a Vila na dianteira do certame. Aqui cabe uma pequena regressão. Martinho da Vila foi convidado para participar da comissão de frente da Mangueira, que apresentou o enredo "Cem anos de liberdade: realidade ou ilusão?", embalado por um samba antológico de Hélio Turco, Jurandir e Alvinho.

Martinho aceitou o convite para desfilar, mas na hora H pulou fora. E o carnaval foi decidido justamente no quesito comissão de frente. O resultado foi que por um bom tempo Martinho não deu as caras em Mangueira. O povo não queria vê-lo nem pintado de verde e rosa.

Vem a Lua de Luanda

A apresentação que conferiu o primeiro campeonato do grupo especial à Unidos de Vila Isabel não mais se repetiria. No dia do desfile das campeãs, marcado para o sábado seguinte ao carnaval, desabou um dos maiores temporais da história do Rio de Janeiro. Em poucas horas de chuvas torrenciais, a cidade naufragou: desabamentos devastaram os morros dos Macacos, da Formiga, do São Carlos, e os bairros do Catumbi, da Tijuca e de Vila Isabel. O dilúvio deixou o saldo sinistro de 134 mortes.

O desastre atingiu o Estado do Rio de Janeiro como um todo. Todavia, os mais prejudicados, os que mais contaram suas vítimas, como sempre, eram os descendentes dos escravizados homenageados nos enredos da Mangueira, da Vila Isabel.

A cigarra e o samba do poeta

A maioria dos negros que chegaram ao Rio de Janeiro escravizados eram originários de regiões mais ao sul da África, área dos chamados povos bantos: angolas, congos, benguelas, moçambiques, cabindas... Reza a história que Luiz Carlos da Vila havia acabado de voltar impressionadíssimo de Angola, pouco antes de compor o samba de 1988 da Unidos de Vila Isabel. E foi inspirado nessa experiência que fez grande parte da letra de "Kizomba", cheia de imagens, como lhe é de costume. "Vivo de imagens", dizia ele.[14]

Luiz Carlos se declarava grande admirador de Ataulfo Alves, especialmente pela forma com que cantava, e se assumia leitor inveterado de Fernando Pessoa e Carlos Drummond de Andrade, que ganhara de Martinho da Vila as obras completas. Apesar disso, quando o assunto era literatura, o botafoguense Luiz Carlos, bom de bola, dava um drible à Garrincha em pesquisadores de plantão:

"Se alguém me influenciou na hora de escrever, deve ter sido o Juca Chaves. Eu conhecia de cor todas aquelas modinhas e sátiras dele. Gostava demais da maneira que ele usava a linguagem. Tem uma rima dele que ficou famosa: 'lágrimas' com 'consagre mais'. Foi até citado na Academia de Letras, parece".[15]

14. *O Globo*, 14 fev. 1988. Matutina, Carnaval, p. 15.

15. SOUZA, Tárik. *Jornal do Brasil*, 13 jun. 1983. Caderno B, p. 2.

Os leitores devem estar lembrados do episódio narrado por Luiz Carlos sobre a obra "Doce Refúgio": "Então caiu uma folha dentro da cerveja. Não lembro se no meu copo ou no dele. Aí disse o Ubirany: 'E aí, você não é poeta? Faz uma música pra isso aí?' Qualquer coisa que acontece comigo as pessoas logo pensam que vai dar poesia, sei lá o quê".

Quadro pintado pelo artista Floriano com Luiz Carlos da Vila e vários artistas.
(Acervo da família)

Luiz Carlos desejava "Feliz Natal" em qualquer época do ano, dançava balançando os braços como um barco à deriva e refutava o título de poeta. Insistia na ideia de que, mesmo que suas letras fossem cheias de poesia, o que

Luiz Carlos da Vila e Éfson.
(Acervo da família)

fazia era traduzir imagens. Pois esse Luiz que não se dizia poeta foi capaz de pintar "uma oitava cor num arco-íris", de plantar "num xaxim um baita de um jequitibá" e até mesmo de definir a paixão como um "trinco de estranha fechadura" e um "cinco que não cabe na mão".

Mas aí é que a história apronta das suas. No dia 20 de outubro de 2008, pela manhã, Luiz Carlos da Vila morreu, aos 59 anos de idade. Nas palavras emocionadas do grande amigo e parceiro Cláudio Jorge: "Como dizem os mais antigos, descansou. Descansou mesmo. Nos vários itens da negociação com Deus, este de ficar aqui pela Terra por mais um tempo, o Da Vila perdeu, e nós ganhamos essa saudade que nunca mais vai sair do coração daqueles que conviveram com ele".

O dia 20 de outubro, data em que Luiz Carlos cantou pra subir, como gosta de dizer o povo do samba, é a data em que se comemora o Dia Nacional do Poeta.

Luiz tentava driblar a todos que sabiam de seu estado de saúde, dizendo que tinha um problema sério de hérnia. Mas ele sofria de um câncer no intestino, que atingiu o fígado e o estômago. A doença o fez passar por uma operação, em 2002.

Na página seguinte
Wilson Moreira, Aldir Blanc, Luiz Carlos e Moacyr Luz.
(27/08/2003 | Leonardo Aversa | SC | Sarau De Moacyr Luz | Agência *O Globo*)

16. Luiz Carlos da Vila: um perfeito anfitrião. Entrevista para o *Jornal Musical*, 18 abr. 2007, por Lia Baron.

Luiz Carlos encarou o perrengue com bastante galhardia e até certo humor: "Depois de ter praticamente embarcado para o outro lado, dei um salto mortal e voltei à vida. Esta semana recebi um laudo médico dizendo que — inexplicavelmente — dados os meus hábitos alimentares e alcoólicos, está tudo bem comigo".[16]

E falou mais: "Os caras devem ter achado que eu ia fazer muita bagunça lá em cima e resolveram dar mais um tempo pra eu me divertir por aqui. O samba 'A cigarra e o samba' tem identificação com a situação recente: contei um pouco da minha novela sem falar de esparadrapo ou

O SHOW TEM QUE CONTINUAR

O texto escrito pelo amigo e parceiro Cláudio Jorge, em 2008, se chama "O choro tem que continuar". "É isso mesmo. Luiz Carlos às vezes criança fazia todo mundo rir de suas brincadeiras. Luiz Carlos às vezes brigão encarava desafetos sem desferir um golpe físico sequer, mas descarregava um batalhão de palavras que deixava malandro no sufoco. Luiz Carlos às vezes triste. Esse eu nunca vi. Já o vi sério, concentrado, pensativo e na maioria das vezes, desligado. Triste, nunca".

Sem disparar uma única bala, o jornalista Álvaro da Costa e Silva, o Marechal, ataca na linha de frente: "você vai deixar saudades, Luiz. O Capela no fim da noite nunca mais será o mesmo. Mas fica a certeza de que as suas canções serão lembradas daqui a 50, 100 mil anos. A chama não se apagou nem se apagará" (SILVA, Álvaro Costa e. *Jornal do Brasil*, 21 out. 2008. Cidade, p. 19]

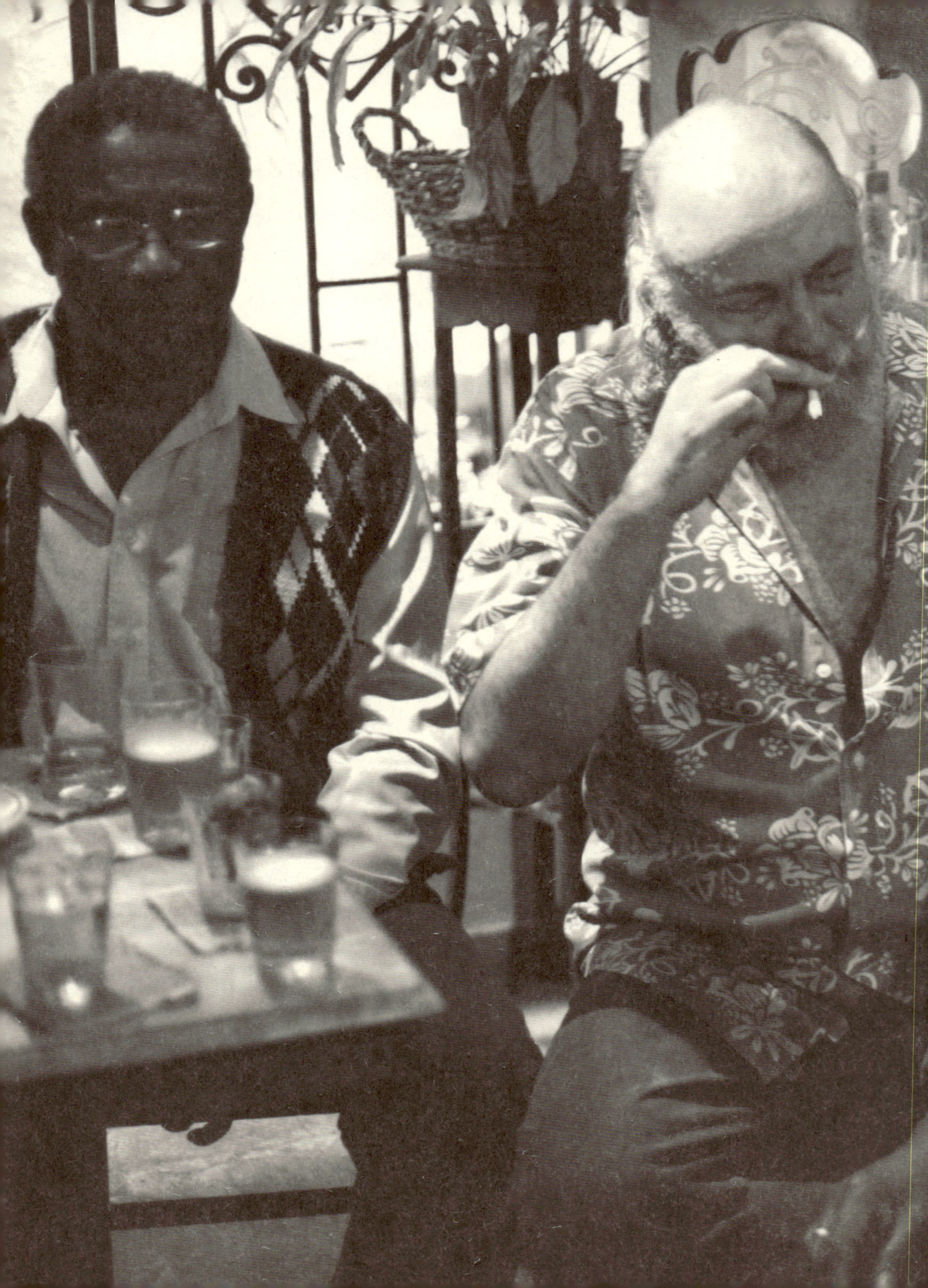

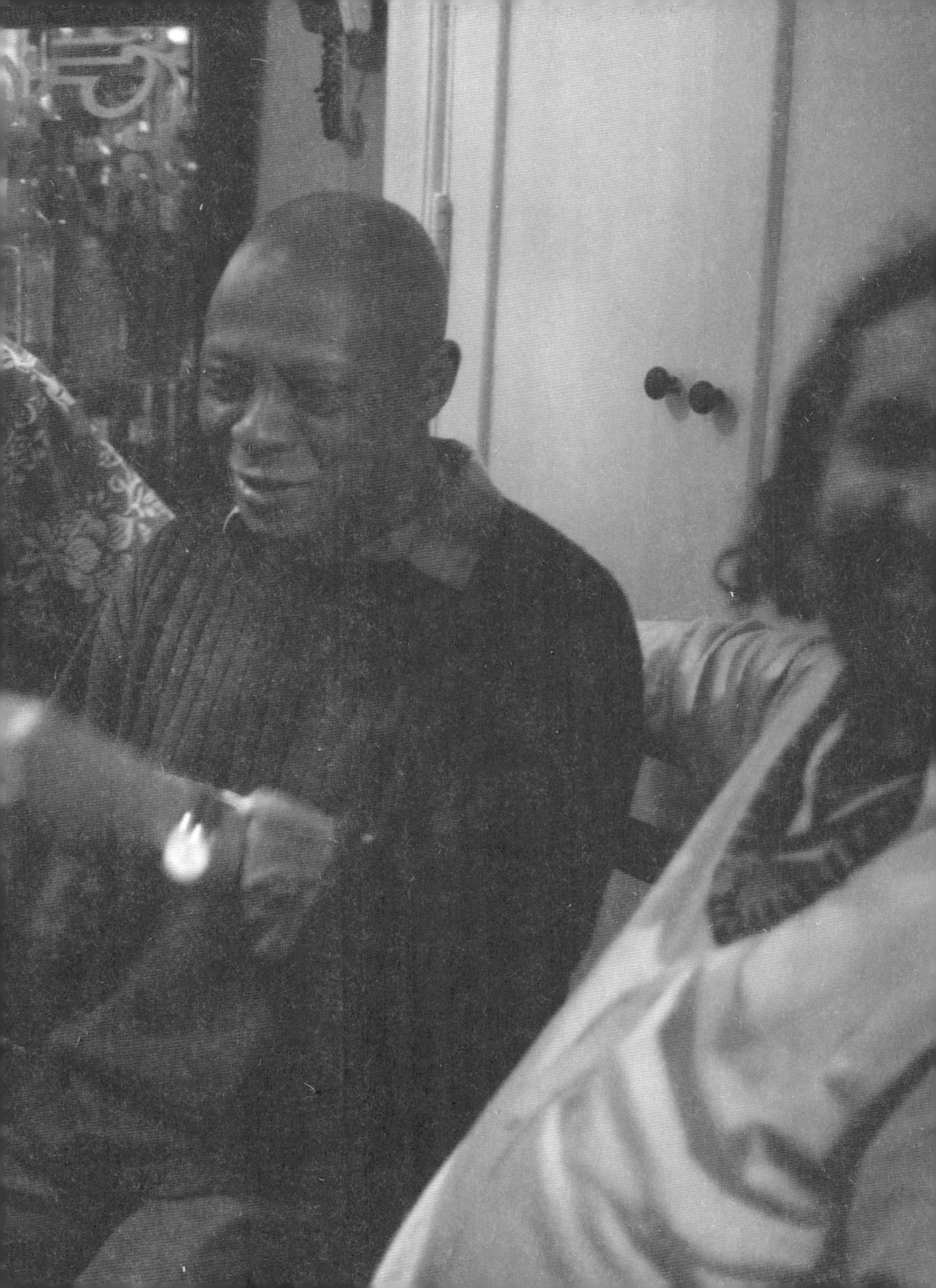

> ## BENZA, DEUS.
>
> A música "A cigarra e o samba" faz parte do sexto disco solo de Luiz Carlos da Vila, *Benza, Deus*. O CD foi lançado pela Carioca Discos, em 2004 (com 14 sambas inéditos e um olímpico elenco de parceiros). O jornalista Hugo Sukman escala o disco "não somente o melhor disco autoral de Luiz Carlos da Vila (pois *A Luz do Vencedor*, em que ele canta seu pai espiritual Candeia, era já seu melhor disco)", como também também seleciona o Da Vila na "elite das letras cariocas ao lado de Aldir Blanc, Paulo Cesar Pinheiro, Nei Lopes, Chico Buarque" (SUKMAN, Hugo. Poesia vem animar todas as rodas. Novo disco de Luiz Carlos da Vila prova que ele joga no time de Aldir Blanc, Paulo César Pinheiro, Nei Lopes).

anestesia. Adaptei a fábula da cigarra e da formiga depois que uma cigarra caiu no meu quintal e ficou dois dias entre a vida e a morte. Como ela também canta, o final diz: se é pra morrer, morrerá com melodia".[17]

17. ARAGÃO, Helena. *Jornal do Brasil*, 21 jan. 2004. Caderno B, p. 3.

Bibliografia

ARAÚJO, A.; HERD, E. F. *As Escolas de Samba – O amigo da madrugada*. Petrópolis: Vozes; Rio de Janeiro: Instituto Estadual do Livro, 1978.

ARAÚJO, H.; JÓRIO, A. *Escolas de samba em desfile:* vida, paixão e sorte. Rio de Janeiro: s.ed, 1969.

BRUNO, L.; GALDO, R. *Cartas para Noel*: histórias da Vila Isabel. Rio de Janeiro: Verso Brasil Editorial, 2015.

CRAVO ALBIN, R. et al. *Dicionário Houaiss ilustrado*: música popular brasileira. Rio de Janeiro: Paracatu, 2009.

DEALTRY, G. *No fio da navalha*: malandragem na literatura e no samba. Rio de Janeiro: Faperj/Casa da Palavra, 2009.

DINIZ, A.; CUNHA, D. *A república cantada:* do choro ao funk. A história do Brasil através da Música. Rio de Janeiro: Jorge Zahar Editor, 2014.

FRANCESCHI, H. M. *Samba de sambar do Estácio:* 1928 a 1931. São Paulo: Instituto Moreira Salles, 2010.

GONÇALVES, R. S. *Favelas do Rio de Janeiro:* história e direito. Rio de Janeiro: Pallas: Ed. PUC, 2013.

LOPES, N. *O negro no Rio de Janeiro e sua tradição musical.* Rio de Janeiro: Pallas, 1992.

____. *Guimbaustrilho e outros mistérios suburbanos.* Rio de Janeiro: Dantes, 2001.

____.; SIMAS, L. A. *Dicionário da história social do samba.* Rio de Janeiro: Civilização Brasileira, 2015.

LUZ, M. *Manual de sobrevivência nos butiquins mais vagabundos.* Rio de Janeiro: Senac Rio, 2005.

MOURA, R. *Tia Ciata e a pequena África no Rio de Janeiro.* Rio de Janeiro: Funarte, 1983.

SPÍRITO SANTO. *Do samba ao funk do Jorjão:* ritmos, mitos e ledos enganos no enredo de um samba chamado Brasil. Petrópolis: KBR, 2011.

Agradecimentos

O trabalho que os leitores têm em mãos, um perfil biográfico do poeta na cidade, não seria viável sem alguns auxílios fundamentais. Da família de Luiz Carlos da Vila, contamos sempre com a disponibilidade de Jane, a mulher, e Maiana, a filha. Entre cervejas geladas e petiscos estupendos, com destaque para o jiló, Jane e Maiana abriram a casa da Vila da Penha e o acervo que possuem, além de terem promovido um notável rega-bofe numa tarde de sábado que nos colocou em contato com amigos de longuíssima data de Luiz Carlos. O irmão do nosso personagem, Betinho, foi de grande valia e é uma espécie de enciclopédia sobre a vida de Luiz Carlos e a Vila da Penha. Dona Esmerilda, a mãe, nos concedeu um depoimento emocionado e fundamental. Tia Nely, que deu o acordeão dos primeiros passos de Luiz Carlos na música, também contribuiu com presteza. As conversas informais, nas esquinas, botequins, rodas de samba, com amigos de Luiz Carlos, e textos postados por eles em blogs, redes sociais, colunas de jornal, também foram de grande valia. Dorina, a grande intérprete do poeta, Luiz Carlos Máximo, Germano Fehr e Moacyr Luz estão nesse time. Álvaro Costa e Silva, o Marechal, também. O texto que Cláudio Jorge – parceiro de Luiz Carlos na canção "Princípio do Infinito" – escreveu quando o amigo se encantou foi um norte emocionado para que nosso barco chegasse ao porto. Todos eles, e dezenas de amigos do samba que amam, cantam e falam sobre Luiz Carlos da Vila, foram relevantes para essa homenagem. A eles, portanto, e à moda do nosso herói, desejamos o mais sincero Feliz Natal!

Este livro foi composto em Fournier, Akitiv Grotesk e Akzidenz Grotesk,
e impresso pela Rotaplan Gráfica e Editora em dezembro de 2018.